Шутки

Медведь, Предложение, Трагик поневоле, Юбилей

Chekhov – Comedies

Антон Павлович Чехов

Anton Pavlovich Chekhov

Chekhov - Comedies
Copyright © JiaHu Books 2014
First Published in Great Britain in 2013 by Jiahu Books – part of
Richardson-Prachai Solutions Ltd, 34 Egerton Gate, Milton Keynes,
MK5 7HH
ISBN: 978-1-78435-010-9
A CIP catalogue record for this book is available from the British
Library
Visit us at: jiahubooks.co.uk

Медведь

*Шутка в одном действии
(Посвящена Н. Н. Соловцову)*

Действующие лица

Е л е н а И в а н о в н а П о п о в а , вдовушка с ямочками на щеках, помещица.

Г р и г о р и й С т е п а н о в и ч С м и р н о в , нестарый помещик.

Л у к а , лакей Поповой, старик.

Гостиная в усадьбе Поповой.

I

П о п о в а *(в глубоком трауре, не отрывает глаз от фотографической карточки)* и Л у к а .

Л у к а . Нехорошо, барыня… Губите вы себя только… Горничная и кухарка пошли по ягоды, всякое дыхание радуется, даже кошка, и та свое удовольствие понимает и по двору гуляет, пташек ловит, а вы цельный день сидите в комнате, словно в монастыре, и никакого удовольствия. Да право! Почитай, уж год прошел, как вы из дому не выходите!..

П о п о в а . И не выйду никогда… Зачем? Жизнь моя уже кончена. Он лежит в могиле, я погребла себя в четырех стенах… Мы оба умерли.

Л у к а . Ну, вот! И не слушал бы, право. Николай Михайлович померли, так тому и быть, божья воля, царство им небесное… Погоревали — и будет, надо и честь знать. Не весь же век плакать и траур носить. У меня тоже в свое время старуха померла… Что ж? Погоревал, поплакал с месяц, и будет с нее, а ежели цельный век Лазаря петь, то и старуха того не стоит.*(Вздыхает.)* Соседей всех забыли… И сами не ездите, и принимать не велите. Живем, извините, как пауки, — света белого не видим. Ливрею мыши съели… Добро бы хороших людей не было, а то ведь полон уезд господ… В Рыблове полк стоит, так офицеры — чистые конфеты, не наглядишься! А в лагерях что ни пятница, то бал, и, почитай, каждый день военная оркестра музыку играет… Эх, барыня-матушка! Молодая, красивая, кровь с молоком — только бы и жить в свое удовольствие… Красота-то ведь не навеки дадена! Пройдет годов десять, сами захотите павой пройтись да господам офицерам в глаза пыль пустить, ан поздно будет.

П о п о в а *(решительно)*. Я прошу тебя никогда не говорить мне об этом! Ты знаешь, с тех пор как умер Николай Михайлович, жизнь потеряла для меня всякую цену. Тебе кажется, что я жива, но это только кажется! Я дала себе клятву до самой могилы не снимать этого траура и не видеть света... Слышишь? Пусть тень его видит, как я люблю его... Да, я знаю, для тебя не тайна, он часто бывал несправедлив ко мне, жесток и... и даже неверен, но я буду верна до могилы и докажу ему, как я умею любить. Там, по ту сторону гроба, он увидит меня такою же, какою я была до его смерти...

Л у к а . Чем эти самые слова, пошли бы лучше по саду погуляли, а то велели бы запрячь Тоби или Великана и к соседям в гости...

П о п о в а . Ах!.. *(Плачет.)*

Л у к а . Барыня!.. Матушка!.. Что вы? Христос с вами!

П о п о в а . Он так любил Тоби! Он всегда ездил на нем к Корчагиным и Власовым. Как он чудно правил! Сколько грации было в его фигуре, когда он изо всей силы натягивал вожжи! Помнишь? Тоби, Тоби! Прикажи дать ему сегодня лишнюю осьмушку овса.

Л у к а . Слушаю!

Резкий звонок.

П о п о в а *(вздрагивает).* Кто это? Скажи, что я никого не принимаю!

Л у к а . Слушаю-с! *(Уходит.)*

II

П о п о в а *(одна).*

П о п о в а *(глядя на фотографию).* Ты увидишь, Nicolas, как я умею любить и прощать... Любовь моя угаснет вместе со мною, когда перестанет биться мое бедное сердце. *(Смеется, сквозь слезы.)* И тебе не совестно? Я паинька, верная женка, заперла себя на замо́к и буду верна тебе до могилы, а ты... и тебе не совестно, бутуз? Изменял мне, делал сцены, по целым неделям оставлял меня одну...

III

П о п о в а и Л у к а.

Л у к а *(входит, встревоженно).* Сударыня, там кто-то спрашивает вас. Хочет видеть...

П о п о в а. Но ведь ты сказал, что я со дня смерти мужа никого не принимаю?

Л у к а. Сказал, но он и слушать не хочет, говорит, что очень нужное дело.

П о п о в а. Я не при-ни-ма-ю!

Л у к а. Я ему говорил, но... леший какой-то... ругается и прямо в комнаты прет... уж в столовой стоит...

П о п о в а *(раздраженно).* Хорошо, проси... Какие невежи!

Лука уходит.

Как тяжелы эти люди! Что им нужно от меня? К чему им нарушать мой покой? *(Вздыхает.)* Нет, видно уж и вправду придется уйти в монастырь... *(Задумывается.)* Да, в монастырь...

IV

П о п о в а ,   Л у к а   и   С м и р н о в .

С м и р н о в *(входя, Луке)*. Болван, любишь много разговаривать... Осел! *(Увидев Попову, с достоинством.)* Сударыня, честь имею представиться: отставной поручик артиллерии, землевладелец Григорий Степанович Смирнов! Вынужден беспокоить вас по весьма важному делу...

П о п о в а *(не подавая руки)*. Что вам угодно?

С м и р н о в . Ваш покойный супруг, с которым я имел честь быть знаком, остался мне должен по двум векселям тысячу двести рублей. Так как завтра мне предстоит платеж процентов в земельный банк, то я просил бы вас, сударыня, уплатить мне деньги сегодня же.

П о п о в а . Тысяча двести... А за что мой муж остался вам должен?

С м и р н о в . Он покупал у меня овес.

П о п о в а *(вздыхая, Луке)*. Так ты же, Лука, не забудь приказать, чтобы дали Тоби лишнюю осьмушку овса.

Л у к а   у х о д и т .

(Смирнову.) Если Николай Михайлович остался вам должен, то, само собою разумеется, я заплачу; но, извините

пожалуйста, у меня сегодня нет свободных денег. Послезавтра вернется из города мой приказчик, и я прикажу ему уплатить вам что следует, а пока я не могу исполнить вашего желания... К тому же, сегодня исполнилось ровно семь месяцев, как умер мой муж, и у меня теперь такое настроение, что я совершенно не расположена заниматься денежными делами.

С м и р н о в . А у меня теперь такое настроение, что если я завтра не заплачу процентов, то должен буду вылететь в трубу вверх ногами. У меня опишут имение!

П о п о в а . Послезавтра вы получите ваши деньги.

С м и р н о в . Мне нужны деньги не послезавтра, а сегодня.

П о п о в а . Простите, сегодня я не могу заплатить вам.

С м и р н о в . А я не могу ждать до послезавтра.

П о п о в а . Что же делать, если у меня сейчас нет!

С м и р н о в . Стало быть, не можете заплатить?

П о п о в а . Не могу...

С м и р н о в . Гм!.. Это ваше последнее слово?

П о п о в а . Да, последнее.

С м и р н о в . Последнее? Положительно?

П о п о в а . Положительно.

С м и р н о в . Покорнейше благодарю. Так и запишем. *(Пожимает плечами.)* А еще хотят, чтобы я был хладнокровен! Встречается мне сейчас по дороге акцизный и спрашивает: «Отчего вы всё сердитесь, Григорий Степанович?» Да помилуйте, как же мне не сердиться? Нужны мне дозарезу деньги… Выехал я еще вчера утром чуть свет, объездил всех своих должников, и хоть бы один из них заплатил свой долг! Измучился, как собака, ночевал черт знает где — в жидовской корчме около водочного бочонка… Наконец приезжаю сюда, за 70 верст от дому, надеюсь получить, а меня угощают «настроением»! Как же мне не сердиться?

П о п о в а . Я, кажется, ясно сказала: приказчик вернется из города, тогда и получите.

С м и р н о в . Я приехал не к приказчику, а к вам! На кой леший, извините за выражение, сдался мне ваш приказчик!

П о п о в а . Простите, милостивый государь, я не привыкла к этим странным выражениям, к такому тону. Я вас больше не слушаю. *(Быстро уходит.)*

V
С м и р н о в *(один).*

С м и р н о в . Скажите пожалуйста! Настроение… Семь месяцев тому назад муж умер! Да мне-то нужно платить проценты или нет? Я вас спрашиваю: нужно платить проценты или нет? Ну, у вас муж умер, настроение там и всякие фокусы… приказчик куда-то уехал, черт его возьми, а мне что прикажете делать? Улететь от своих кредиторов на воздушном шаре, что ли? Или разбежаться и трахнуться башкой о стену? Приезжаю к Груздеву — дома нет, Ярошевич спрятался, с Курицыным поругался насмерть и чуть было его в окно не вышвырнул, у Мазутова — холерина, у этой — настроение. Ни одна каналья не платит! А всё оттого, что я слишком их избаловал, что я нюня, тряпка, баба! Слишком я с ними деликатен! Ну, погодите же! Узнаете вы меня! Я не позволю шутить с собою, черт возьми! Останусь и буду торчать здесь, пока она не заплатит! Брр!.. Как я зол сегодня, как я зол! От злости все поджилки трясутся и дух захватило... Фуй, боже мой, даже дурно делается! *(Кричит.)* Человек!

VI
С м и р н о в и Л у к а .

Л у к а *(входит)*. Чего вам?

С м и р н о в . Дай мне квасу или воды!

Л у к а уходит.

Нет, какова логика! Человеку нужны дозарезу деньги, впору вешаться, а она не платит, потому что, видите ли, не расположена заниматься денежными делами!.. Настоящая женская, турнюрная логика! Потому-то вот я никогда не любил и не люблю говорить с женщинами. Для меня легче сидеть на бочке с порохом, чем говорить с женщиной. Брр!.. Даже мороз по коже дерет — до такой степени разозлил меня этот шлейф! Стоит мне хотя бы издали увидеть поэтическое создание, как у меня от злости в икрах начинаются судороги. Просто хоть караул кричи.

VII

Смирнов и Лука.

Лука *(входит и подает воду).* Барыня больны и не принимают.

Смирнов. Пошел!

Лука уходит.

Больны и не принимают! Не нужно, не принимай... Я останусь и буду сидеть здесь, пока не отдашь денег. Неделю будешь больна, и я неделю просижу здесь... Год будешь больна — и я год... Я свое возьму, матушка! Меня не тронешь трауром да ямочками на щеках... Знаем мы эти ямочки! *(Кричит в окно.)* Семен, распрягай! Мы не скоро уедем! Я здесь остаюсь! Скажешь там на конюшне, чтобы овса дали лошадям! Опять у тебя, скотина, левая пристяжная запуталась в вожжу! *(Дразнит.)* Ничаво... Я тебе задам — ничаво! *(Отходит от окна.)* Скверно... жара невыносимая, денег никто не платит, плохо ночь спал, а тут еще этот траурный шлейф с настроением... Голова болит... Водки выпить, что ли? Пожалуй, выпью. *(Кричит.)* Человек!

Лука *(входит).* Что вам?

Смирнов. Дай рюмку водки!

Л у к а уходит.

Уф! *(Садится и оглядывает себя.)* Нечего сказать, хороша
фигура! Весь в пыли, сапоги грязные, не умыт, не чесан, на
жилетке солома... Барынька, чего доброго, меня за
разбойника приняла.*(Зевает.)* Немножко невежливо
являться в гостиную в таком виде, ну, да ничего... я тут не
гость, а кредитор, для кредиторов же костюм не писан...

Л у к а *(входит и подает водку)*. Много вы позволяете себе,
сударь...

С м и р н о в *(сердито)*. Что?

Л у к а. Я... я ничего... я собственно...

С м и р н о в. С кем ты разговариваешь?! Молчать!

Л у к а *(в сторону)*. Навязался, леший, на нашу голову...
Принесла нелегкая...

Л у к а уходит.

С м и р н о в. Ах, как я зол! Так зол, что, кажется, весь свет
стер бы в порошок... Даже дурно
делается... *(Кричит.)* Человек!

VIII
Попова и Смирнов.

П о п о в а *(входит, опустив глаза)*. Милостивый государь, в
своем уединении я давно уже отвыкла от человеческого
голоса и не выношу крика. Прошу вас убедительно, не
нарушайте моего покоя!

С м и р н о в . Заплатите мне деньги, и я уеду.

П о п о в а . Я сказала вам русским языком: денег у меня свободных теперь нет, погодите до послезавтра.

С м и р н о в . Я тоже имел честь сказать вам русским языком: деньги нужны мне не послезавтра, а сегодня. Если сегодня вы мне не заплатите, то завтра я должен буду повеситься.

П о п о в а . Но что же мне делать, если у меня нет денег? Как странно!

С м и р н о в . Так вы сейчас не заплатите? Нет?

П о п о в а . Не могу...

С м и р н о в . В таком случае я остаюсь здесь и буду сидеть, пока не получу... *(Садится.)* Послезавтра заплатите? Отлично! Я до послезавтра просижу таким образом. Вот так и буду сидеть...*(Вскакивает.)* Я вас спрашиваю: мне нужно заплатить завтра проценты или нет?.. Или вы думаете, что я шучу?

П о п о в а . Милостивый государь, прошу вас не кричать! Здесь не конюшня!

С м и р н о в . Я вас не о конюшне спрашиваю, а о том — нужно мне платить завтра проценты или нет?

П о п о в а . Вы не умеете держать себя в женском обществе!

С м и р н о в . Нет-с, я умею держать себя в женском обществе!

П о п о в а . Нет, не умеете! Вы невоспитанный, грубый человек! Порядочные люди не говорят так с женщинами!

С м и р н о в . Ах, удивительное дело! Как же прикажете говорить с вами? По-французски, что ли? *(Злится и сюсюкает.)* Мадам, же ву при...[1] как я счастлив, что вы не платите мне денег... Ах, пардон, что обеспокоил вас! Такая сегодня прелестная погода! И этот траур так к лицу вам! *(Расшаркивается.)*

П о п о в а . Не умно и грубо.

С м и р н о в *(дразнит.)* Не умно и грубо! Я не умею держать себя в женском обществе! Сударыня, на своем веку я видел женщин гораздо больше, чем вы воробьев! Три раза я стрелялся на дуэли из-за женщин, двенадцать женщин я бросил, девять бросили меня! Да-с! Было время, когда я ломал дурака, миндальничал, медоточил, рассыпался бисером, шаркал ногами... Любил, страдал, вздыхал на луну, раскисал, таял, холодел... Любил страстно, бешено, на всякие манеры, черт меня возьми, трещал, как сорока, об эмансипации, прожил на нежном чувстве половину состояния, но теперь — слуга покорный! Теперь меня не проведете! Довольно! Очи черные, очи страстные, алые губки, ямочки на щеках, луна, шепот, робкое дыханье — за всё это, сударыня, я теперь и медного гроша не дам! Я не говорю о присутствующих, но все женщины, от мала до велика, ломаки, кривляки, сплетницы,

---

1 я вас прошу (фр. *je vous prie*).

ненавистницы, лгунишки до мозга костей, суетны, мелочны, безжалостны, логика возмутительная, а что касается вот этой штуки *(хлопает себя по лбу)*, то, извините за откровенность, воробей любому философу в юбке может дать десять очков вперед! Посмотришь на иное поэтическое созданье: кисея, эфир, полубогиня, миллион восторгов, а заглянешь в душу — обыкновеннейший крокодил! *(Хватается за спинку стула, стул трещит и ломается.)* Но возмутительнее всего, что этот крокодил почему-то воображает, что его шедевр, его привилегия и монополия — нежное чувство! Да черт побери совсем, повесьте меня вот на этом гвозде вверх ногами — разве женщина умеет любить кого-нибудь, кроме болонок?.. В любви она умеет только хныкать и распускать нюни! Где мужчина страдает и жертвует, там вся ее любовь выражается только в том, что она вертит шлейфом и старается покрепче схватить за нос. Вы имеете несчастье быть женщиной, стало быть, по себе самой знаете женскую натуру. Скажите же мне по совести: видели ли вы на своем веку женщину, которая была бы искренна, верна и постоянна? Не видели! Верны и постоянны одни только старухи да уроды! Скорее вы встретите рогатую кошку или белого вальдшнепа, чем постоянную женщину!

П о п о в а . Позвольте, так кто же, по-вашему, верен и постоянен в любви? Не мужчина ли?

С м и р н о в . Да-с, мужчина!

П о п о в а . Мужчина! *(Злой смех.)* Мужчина верен и постоянен в любви! Скажите, какая новость! *(Горячо.)* Да какое вы имеете право говорить это? Мужчины верны и постоянны! Коли на то пошло, так я вам скажу, что из всех мужчин, каких только я знала и знаю, самым лучшим был мой покойный муж… Я любила его страстно, всем своим существом, как может любить только молодая, мыслящая женщина; я отдала ему свою молодость, счастье, жизнь, свое состояние, дышала им, молилась на него, как язычница, и… и — что же? Этот лучший из мужчин самым бессовестным образом обманывал меня на каждом шагу! После его смерти я нашла в его столе полный ящик любовных писем, а при жизни — ужасно вспомнить! — он оставлял меня одну по целым неделям, на моих глазах ухаживал за другими женщинами и изменял мне, сорил моими деньгами, шутил над моим чувством… И, несмотря на всё это, я любила его и была ему верна… Мало того, он умер, а я всё еще верна ему и постоянна. Я навеки погребла себя в четырех стенах и до самой могилы не сниму этого траура…

С м и р н о в *(презрительный смех)*. Траур!.. Не понимаю, за кого вы меня принимаете? Точно я не знаю, для чего вы носите это черное домино и погребли себя в четырех стенах! Еще бы! Это так таинственно, поэтично! Проедет мимо усадьбы какой-нибудь юнкер или куцый поэт, взглянет на окна и подумает: «Здесь живет таинственная Тамара, которая из любви к мужу погребла себя в четырех стенах». Знаем мы эти фокусы!

П о п о в а *(вспыхнув).* Что? Как вы смеете говорить мне всё это?

С м и р н о в . Вы погребли себя заживо, однако вот не позабыли напудриться!

П о п о в а . Да как вы смеете говорить со мною таким образом?

С м и р н о в . Не кричите, пожалуйста, я вам не приказчик! Позвольте мне называть вещи настоящими их именами. Я не женщина и привык высказывать свое мнение прямо! Не извольте же кричать!

П о п о в а . Не я кричу, а вы кричите! Извольте оставить меня в покое!

С м и р н о в . Заплатите мне деньги, и я уеду.

П о п о в а . Не дам я вам денег!

С м и р н о в . Нет-с, дадите!

П о п о в а . Вот на зло же вам, ни копейки не получите! Можете оставить меня в покое!

С м и р н о в . Я не имею удовольствия быть ни вашим супругом, ни женихом, а потому, пожалуйста, не делайте мне сцен.*(Садится.)* Я этого не люблю.

П о п о в а *(задыхаясь от гнева).* Вы сели?

С м и р н о в . Сел.

П о п о в а . Прошу вас уйти!

С м и р н о в . Отдайте деньги… *(В сторону.)* Ах, как я зол! Как я зол!

П о п о в а . Я не желаю разговаривать с нахалами! Извольте убираться вон!

Пауза.

Вы не уйдете? Нет?

С м и р н о в . Нет.

П о п о в а . Нет?

С м и р н о в . Нет!

П о п о в а . Хорошо же! *(Звонит.)*

IX

Те же и Л у к а .

П о п о в а . Лука, выведи этого господина!

Л у к а *(подходит к Смирнову)*. Сударь, извольте уходить, когда велят! Нечего тут…

С м и р н о в *(вскакивая)*. Молчать! С кем ты разговариваешь? Я из тебя салат сделаю!

Л у к а *(хватается за сердце)*. Батюшки!.. Угодники!.. *(Падает в кресло.)* Ох, дурно, дурно! Дух захватило!

П о п о в а . Где же Даша? Даша! *(Кричит.)* Даша! Пелагея! Даша!*(Звонит.)*

Л у к а . Ох! Все по ягоды ушли… Никого дома нету… Дурно! Воды!

П о п о в а . Извольте убираться вон!

С м и р н о в . Не угодно ли вам быть повежливее?

П о п о в а *(сжимая кулаки и топая ногами)*. Вы мужик! Грубый медведь! Бурбон! Монстр!

С м и р н о в . Как? Что вы сказали?

П о п о в а . Я сказала, что вы медведь, монстр!

С м и р н о в *(наступая)*. Позвольте, какое же вы имеете право оскорблять меня?

П о п о в а . Да, оскорбляю… ну, так что же? Вы думаете, я вас боюсь?

С м и р н о в . А вы думаете, что если вы поэтическое создание, то имеете право оскорблять безнаказанно? Да? К барьеру!

Л у к а . Батюшки!.. Угодники!.. Воды!

С м и р н о в . Стреляться!

П о п о в а . Если у вас здоровые кулаки и бычье горло, то, думаете, я боюсь вас? А? Бурбон вы этакий!

С м и р н о в . К барьеру! Я никому не позволю оскорблять себя и не посмотрю на то, что вы женщина, слабое создание!

П о п о в а *(стараясь перекричать)*. Медведь! Медведь! Медведь!

С м и р н о в . Пора, наконец, отрешиться от предрассудка, что только одни мужчины обязаны платить за оскорбления! Равноправность так равноправность, черт возьми! К барьеру!

П о п о в а . Стреляться хотите? Извольте!

С м и р н о в . Сию минуту!

П о п о в а . Сию минуту! После мужа остались пистолеты... Я сейчас принесу их сюда... *(Торопливо идет и возвращается.)* С каким наслаждением я влеплю пулю в ваш медный лоб! Черт вас возьми! *(Уходит.)*

С м и р н о в . Я подстрелю ее, как цыпленка! Я не мальчишка, не сантиментальный щенок, для меня не существует слабых созданий!

Л у к а . Батюшка родимый!.. *(Становится на колени.)* Сделай такую милость, пожалей меня, старика, уйди ты отсюда! Напужал до смерти, да еще стреляться собираешься!

С м и р н о в *(не слушая его)*. Стреляться, вот это и есть равноправность, эмансипация! Тут оба пола равны! Подстрелю ее из принципа! Но какова женщина? *(Дразнит.)* «Черт вас возьми... влеплю пулю в медный лоб...» Какова? Раскраснелась, глаза блестят... Вызов приняла! Честное слово, первый раз в жизни такую вижу...

Л у к а . Батюшка, уйди! Заставь вечно бога молить!

С м и р н о в. Это — женщина! Вот это я понимаю! Настоящая женщина! Не кислятина, не размазня, а огонь, порох, ракета! Даже убивать жалко!

Л у к а *(плачет)*. Батюшка… родимый, уйди!

С м и р н о в. Она мне положительно нравится! Положительно! Хоть и ямочки на щеках, а нравится! Готов даже долг ей простить… и злость прошла… Удивительная женщина!

X
Те же и П о п о в а.

П о п о в а *(входит с пистолетами)*. Вот они, пистолеты… Но, прежде чем будем драться, вы извольте показать мне, как нужно стрелять… Я ни разу в жизни не держала в руках пистолета.

Л у к а. Спаси, господи, и помилуй… Пойду садовника и кучера поищу… Откуда эта напасть взялась на нашу голову… *(Уходит.)*

С м и р н о в *(осматривая пистолеты)*. Видите ли, существует несколько сортов пистолетов… Есть специально дуэльные пистолеты Мортимера, капсюльные. А это у вас револьверы системы Смит и Вессон, тройного действия с экстрактором, центрального боя… Прекрасные пистолеты!.. Цена таким минимум 90 рублей за пару… Держать револьвер нужно так… *(В сторону.)* Глаза, глаза! Зажигательная женщина!

П о п о в а . Так?

С м и р н о в . Да, так… Засим вы поднимаете курок… вот так прицеливаетесь… Голову немножко назад! Вытяните руку, как следует… Вот так… Потом вот этим пальцем надавливаете эту штучку — и больше ничего… Только главное правило: не горячиться и прицеливаться не спеша… Стараться, чтоб не дрогнула рука.

П о п о в а . Хорошо… В комнатах стреляться неудобно, пойдемте в сад.

С м и р н о в . Пойдемте. Только предупреждаю, что я выстрелю в воздух.

П о п о в а . Этого еще недоставало! Почему?

С м и р н о в . Потому что… потому что… Это мое дело, почему!

П о п о в а . Вы струсили? Да? А-а-а-а! Нет, сударь, вы не виляйте! Извольте идти за мною! Я не успокоюсь, пока не пробью вашего лба… вот этого лба, который я так ненавижу! Струсили?

С м и р н о в . Да, струсил.

П о п о в а . Лжете! Почему вы не хотите драться?

С м и р н о в . Потому что… потому что вы… мне нравитесь.

П о п о в а *(злой смех).* Я ему нравлюсь! Он смеет говорить, что я ему нравлюсь! *(Указывает на дверь.)* Можете!

С м и р н о в (*молча кладет револьвер, берет фуражку и идет; около двери останавливается, полминуты оба молча глядят друг на друга; затем он говорит, нерешительно подходя к Поповой*). Послушайте… Вы всё еще сердитесь?.. Я тоже чертовски взбешен, но, понимаете ли… как бы этак выразиться… Дело в том, что, видите ли, такого рода история, собственно говоря… (*Кричит.*) Ну, да разве я виноват, что вы мне нравитесь? (*Хватается за спинку стула, стул трещит и ломается.*) Черт знает, какая у вас ломкая мебель! Вы мне нравитесь! Понимаете? Я… я почти влюблен!

П о п о в а . Отойдите от меня — я вас ненавижу!

С м и р н о в . Боже, какая женщина! Никогда в жизни не видал ничего подобного! Пропал! Погиб! Попал в мышеловку, как мышь!

П о п о в а . Отойдите прочь, а то буду стрелять!

С м и р н о в . Стреляйте! Вы не можете понять, какое счастие умереть под взглядами этих чудных глаз, умереть от револьвера, который держит эта маленькая бархатная ручка… Я с ума сошел! Думайте и решайте сейчас, потому что если я выйду отсюда, то уж мы больше никогда не увидимся! Решайте… Я дворянин, порядочный человек, имею десять тысяч годового дохода… попадаю пулей в подброшенную копейку… имею отличных лошадей… Хотите быть моею женой?

П о п о в а *(возмущенная, потрясает револьвером).* Стреляться! К барьеру!

С м и р н о в . Сошел с ума… Ничего не понимаю… *(Кричит.)* Человек, воды!

П о п о в а *(кричит).* К барьеру!

С м и р н о в . Сошел с ума, влюбился, как мальчишка, как дурак! *(Хватает ее за руку, она вскрикивает от боли.)* Я люблю вас! *(Становится на колени.)* Люблю, как никогда не любил! Двенадцать женщин я бросил, девять бросили меня, но ни одну из них я не любил так, как вас… Разлимонился, рассиропился, раскис… стою на коленях, как дурак, и предлагаю руку… Стыд, срам! Пять лет не влюблялся, дал себе зарок, и вдруг втюрился, как оглобля в чужой кузов! Руку предлагаю. Да или нет? Не хотите? Не нужно! *(Встает и быстро идет к двери.)*

П о п о в а . Постойте…

С м и р н о в *(останавливается).* Ну?

П о п о в а . Ничего, уходите… Впрочем, постойте… Нет, уходите, уходите! Я вас ненавижу! Или нет… Не уходите! Ах, если бы вы знали, как я зла, как я зла! *(Бросает на стол револьвер.)* Отекли пальцы от этой мерзости… *(Рвет от злости платок.)* Что же вы стоите? Убирайтесь!

С м и р н о в . Прощайте.

П о п о в а . Да, да, уходите!.. *(Кричит.)* Куда же вы? Постойте… Ступайте, впрочем. Ах, как я зла! Не подходите, не подходите!

С м и р н о в *(подходя к ней)*. Как я на себя зол! Влюбился, как гимназист, стоял на коленях… Даже мороз по коже дерет…*(Грубо.)* Я люблю вас! Очень мне нужно было влюбляться в вас! Завтра проценты платить, сенокос начался, а тут вы… *(Берет ее за талию.)* Никогда этого не прощу себе…

П о п о в а . Отойдите прочь! Прочь руки! Я вас… ненавижу! К ба-барьеру!

Продолжительный поцелуй.

XI
Те же, Л у к а с топором, с а д о в н и к с граблями, к у ч е р с вилами ир а б о ч и е с дрекольем.

Л у к а *(увидев целующуюся парочку)*. Батюшки!

Пауза.

П о п о в а *(опустив глаза)*. Лука, скажешь там, на конюшне, чтобы сегодня Тоби вовсе не давали овса.

Занавес

Предложение

Шутка в одном действии

Действующие лица

С т е п а н С т е п а н о в и ч Ч у б у к о в , помещик.

Н а т а л ь я С т е п а н о в н а , его дочь, 25-ти лет.

И в а н В а с и л ь е в и ч Л о м о в , сосед Чубукова, здоровый, упитанный, но очень мнительный помещик.

Действие происходит в усадьбе Чубукова.

I

Ч у б у к о в и Л о м о в *(входит во фраке и белых перчатках).*

Ч у б у к о в *(идя к нему навстречу).* Голубушка, кого вижу! Иван Васильевич! Весьма рад! *(Пожимает руку.)* Вот именно сюрприз, мамочка... Как поживаете?

Л о м о в . Благодарю вас. А вы как изволите поживать?

Ч у б у к о в . Живем помаленьку, ангел мой, вашими молитвами и прочее. Садитесь, покорнейше прошу... Вот именно, нехорошо соседей забывать, мамочка моя.

Голубушка, но что же вы это так официально? Во фраке, в перчатках и прочее. Разве куда едете, драгоценный мой?

Л о м о в . Нет, я только к вам, уважаемый Степан Степаныч.

Ч у б у к о в . Так зачем же во фраке, прелесть? Точно на Новый год с визитом!

Л о м о в . Видите ли, в чем дело. *(Берет его под руку.)* Я приехал к вам, уважаемый Степан Степаныч, чтобы обеспокоить вас одною просьбою. Неоднократно я уже имел честь обращаться к вам за помощью, и всегда вы, так сказать... но я, простите, волнуюсь. Я выпью воды, уважаемый Степан Степаныч. *(Пьет воду.)*

Ч у б у к о в *(в сторону)*. Денег приехал просить! Не дам! *(Ему.)* В чем дело, красавец?

Л о м о в . Видите ли, Уважай Степаныч... виноват, Степан Уважаемыч... то есть, я ужасно волнуюсь, как изволите видеть... Одним словом, вы один только можете помочь мне, хотя, конечно, я ничем не заслужил и... и не имею права рассчитывать на вашу помощь...

Ч у б у к о в . Ах, да не размазывайте, мамочка! Говорите сразу! Ну?

Л о м о в . Сейчас... Сию минуту. Дело в том, что я приехал просить руки у вашей дочери Натальи Степановны.

Ч у б у к о в *(радостно)*. Мамуся! Иван Васильевич! Повторите еще раз — я не расслышал!

Л о м о в . Я имею честь просить...

Ч у б у к о в *(перебивая).* Голубушка моя... Я так рад и прочее... Вот именно и тому подобное. *(Обнимает и целует.)* Давно желал. Это было моим всегдашним желанием. *(Пускает слезу.)* И всегда я любил вас, ангел мой, как родного сына. Дай бог вам обоим совет и любовь и прочее, а я весьма желал... Что же я стою, как болван? Опешил от радости, совсем опешил! Ох, я от души... Пойду позову Наташу и тому подобное.

Л о м о в *(растроганный).* Уважаемый Степан Степаныч, как вы полагаете, могу я рассчитывать на ее согласие?

Ч у б у к о в . Такой, вот именно, красавец и... и вдруг она не согласится! Влюблена, небось, как кошка и прочее... Сейчас!*(Уходит.)*

II
Л о м о в *(один).*

Л о м о в . Холодно... Я весь дрожу, как перед экзаменом. Главное — нужно решиться. Если же долго думать, колебаться, много разговаривать да ждать идеала или настоящей любви, то этак никогда не женишься... Брр!.. Холодно! Наталья Степановна отличная хозяйка, недурна, образованна... чего ж мне еще нужно? Однако у меня уж начинается от волнения шум в ушах.*(Пьет воду.)* А не жениться мне нельзя... Во-первых, мне уже 35 лет — возраст, так сказать, критический. Во-вторых, мне нужна правильная, регулярная жизнь... У меня порок сердца, постоянные сердцебиения, я вспыльчив и всегда ужасно волнуюсь… Сейчас вот у меня губы дрожат и на правом веке живчик прыгает… Но самое ужасное у меня — это сон. Едва только лягу в постель и только что начну засыпать, как вдруг в левом боку что-то — дерг! и бьет прямо в плечо и в голову… Вскакиваю как сумасшедший, похожу немного и опять ложусь, но только что начну засыпать, как у меня в боку опять — дерг! И этак раз двадцать…

III

Наталья Степановна и Ломов.

Наталья Степановна (входит). Ну вот, ей-богу! Это вы, а папа говорит: поди, там купец за товаром пришел. Здравствуйте, Иван Васильевич!

Ломов. Здравствуйте, уважаемая Наталья Степановна!

Наталья Степановна. Извините, я в фартуке и неглиже… Мы горошек чистим для сушки. Отчего вы у нас так долго не были? Садитесь…

Садятся.

Хотите завтракать?

Ломов. Нет, благодарю вас, я уже кушал.

Наталья Степановна. Курите… Вот спички… Погода великолепная, а вчера такой дождь был, что рабочие весь день ничего не делали. Вы сколько копен накосили? Я, представьте, сжадничала и скосила весь луг, а теперь сама не рада, боюсь, как бы мое сено не сгнило. Лучше было бы подождать. Но что это? Вы, кажется, во фраке! Вот новость! На бал едете, что ли? Между прочим, вы похорошели... Вправду, зачем вы таким франтом?

Л о м о в *(волнуясь).* Видите ли, уважаемая Наталья Степановна... Дело в том, что я решился просить вас выслушать меня... Конечно, вы удивитесь и даже рассердитесь, но я... *(В сторону.)* Ужасно холодно!

Н а т а л ь я С т е п а н о в н а . В чем дело?

Пауза.

Ну?

Л о м о в . Я постараюсь быть краток. Вам, уважаемая Наталья Степановна, известно, что я давно уже, с самого детства, имею честь знать ваше семейство. Моя покойная тетушка и ее супруг, от которых я, как вы изволите знать, получил в наследство землю, всегда относились с глубоким уважением к вашему батюшке и к покойной матушке. Род Ломовых и род Чубуковых всегда находились в самых дружественных и, можно даже сказать, родственных отношениях. К тому же, как вы изволите знать, моя земля тесно соприкасается с вашею. Если вы изволите припомнить, мои Воловьи Лужки граничат с вашим березняком.

Н а т а л ь я С т е п а н о в н а . Виновата, я вас перебью. Вы говорите «мои Воловьи Лужки»... Да разве они ваши?

Л о м о в . Мои-с...

Н а т а л ь я С т е п а н о в н а . Ну, вот еще! Воловьи Лужки наши, а не ваши!

Л о м о в . Нет-с, мои, уважаемая Наталья Степановна.

Н а т а л ь я С т е п а н о в н а . Это для меня новость. Откуда же они ваши?

Л о м о в . Как откуда? Я говорю про те Воловьи Лужки, что входят клином между вашим березняком и Горелым болотом.

Н а т а л ь я С т е п а н о в н а . Ну, да, да… Они наши…

Л о м о в . Нет, вы ошибаетесь, уважаемая Наталья Степановна, — они мои.

Н а т а л ь я С т е п а н о в н а . Опомнитесь, Иван Васильевич! Давно ли они стали вашими?

Л о м о в . Как давно? Насколько я себя помню, они всегда были нашими.

Н а т а л ь я С т е п а н о в н а . Ну, это, положим, извините!

Л о м о в . Из бумаг это видно, уважаемая Наталья Степановна. Воловьи Лужки были когда-то спорными, это — правда; но теперь всем известно, что они мои. И спорить тут нечего. Изволите ли видеть, бабушка моей тетушки отдала эти Лужки в бессрочное и в безвозмездное пользование крестьянам дедушки вашего батюшки за то, что они жгли для нее кирпич. Крестьяне дедушки вашего батюшки пользовались безвозмездно Лужками лет сорок и привыкли считать их как бы своими, потом же, когда вышло положение…

Н а т а л ь я С т е п а н о в н а . И совсем не так, как вы рассказываете! И мой дедушка, и прадедушка считали, что ихняя земля доходила до Горелого болота — значит, Воловьи Лужки были наши. Что ж тут спорить? — не понимаю. Даже досадно!

Л о м о в . Я вам бумаги покажу, Наталья Степановна!

Н а т а л ь я С т е п а н о в н а . Нет, вы просто шутите или дразните меня… Сюрприз какой! Владеем землёй чуть ли не триста лет, и вдруг нам заявляют, что земля не наша! Иван Васильевич, простите, но я даже ушам своим не верю… Мне не дороги эти Лужки. Там всего пять десятин, и стоят они каких-нибудь триста рублей, но меня возмущает несправедливость. Говорите что угодно, но несправедливости я терпеть не могу.

Л о м о в . Выслушайте меня, умоляю вас! Крестьяне дедушки вашего батюшки, как я уже имел честь сказать вам, жгли для бабушки моей тетушки кирпич. Тетушкина бабушка, желая сделать им приятное…

Н а т а л ь я С т е п а н о в н а . Дедушка, бабушка, тетушка… ничего я тут не понимаю! Лужки наши, вот и всё.

Л о м о в . Мои-с!

Н а т а л ь я С т е п а н о в н а . Наши! Хоть вы два дня доказывайте, хоть наденьте пятнадцать фраков, а они наши, наши, наши!.. Вашего я не хочу и своего терять не желаю… Как вам угодно!

Л о м о в . Мне, Наталья Степановна, Лужков не надо, но я из принципа. Если угодно, то, извольте, я вам подарю их.

Н а т а л ь я С т е п а н о в н а . Я сама могу подарить вам их, они мои!.. Всё это, по меньшей мере, странно, Иван Васильевич! До сих пор мы вас считали хорошим соседом, другом, в прошлом году давали вам свою молотилку, и через это самим нам пришлось домолачивать свой хлеб в ноябре, а вы поступаете с нами, как с цыганами. Дарите мне мою же землю. Извините, это не по-соседски! По-моему, это даже дерзость, если хотите...

Л о м о в . По-вашему выходит, значит, что я узурпатор? Сударыня, никогда я чужих земель не захватывал и обвинять меня в этом никому не позволю... *(Быстро идет к графину и пьет воду.)* Воловьи Лужки мои!

Н а т а л ь я С т е п а н о в н а . Неправда, наши!

Л о м о в . Мои!

Н а т а л ь я С т е п а н о в н а . Неправда! Я вам докажу! Сегодня же пошлю своих косарей на эти Лужки!

Л о м о в . Что-с?

Н а т а л ь я С т е п а н о в н а . Сегодня же там будут мои косари!

Л о м о в . А я их в шею!

Н а т а л ь я С т е п а н о в н а . Не смеете!

Л о м о в *(хватается за сердце)*. Воловьи Лужки мои! Понимаете? Мои!

Н а т а л ь я С т е п а н о в н а. Не кричите, пожалуйста! Можете кричать и хрипеть от злобы у себя дома, а тут прошу держать себя в границах!

Л о м о в. Если бы, сударыня, не это страшное, мучительное сердцебиение, если бы жилы не стучали в висках, то я поговорил бы с вами иначе! *(Кричит.)* Воловьи Лужки мои!

Н а т а л ь я С т е п а н о в н а. Наши!

Л о м о в. Мои!

Н а т а л ь я С т е п а н о в н а. Наши!

Л о м о в. Мои!

IV
Те же и Ч у б у к о в.

Ч у б у к о в *(входя)*. Что такое? О чем кричите?

Н а т а л ь я С т е п а н о в н а. Папа, объясни, пожалуйста, этому господину, кому принадлежат Воловьи Лужки: нам или ему?

Ч у б у к о в *(ему)*. Цыпочка, Лужки наши!

Л о м о в. Да помилуйте, Степан Степаныч, откуда они ваши? Будьте хоть вы рассудительным человеком! Бабушка моей тетушки отдала Лужки во временное, безвозмездное пользование крестьянам вашего дедушки. Крестьяне пользовались землей сорок лет и привыкли к ней, как бы к своей, когда же вышло Положение...

Ч у б у к о в. Позвольте, драгоценный… Вы забываете, что именно крестьяне не платили вашей бабушке и тому подобное, потому что Лужки тогда были спорными и прочее… А теперь всякая собака знает, вот именно, что они наши. Вы, значит, плана не видели!

Л о м о в. А я вам докажу, что они мои!

Ч у б у к о в. Не докажете, любимец мой.

Л о м о в. Нет, докажу!

Ч у б у к о в. Мамочка, зачем же кричать так? Криком, вот именно, ничего не докажете. Я вашего не желаю и своего упускать не намерен. С какой стати? Уж коли на то пошло, милаша моя, ежели вы намерены оспаривать Лужки и прочее, то я скорее подарю их мужикам, чем вам. Так-то!

Л о м о в. Не понимаю! Какое же вы имеете право дарить чужую собственность?

Ч у б у к о в. Позвольте уж мне знать, имею я право или нет. Вот именно, молодой человек, я не привык, чтобы со мною разговаривали таким тоном и прочее. Я, молодой человек, старше вас вдвое и прошу вас говорить со мною без ажитации и тому подобное.

Л о м о в. Нет, вы просто меня за дурака считаете и смеетесь надо мною! Мою землю называете своею да еще хотите, чтобы я был хладнокровен и говорил с вами по-человечески! Так хорошие соседи не поступают, Степан Степаныч! Вы не сосед, а узурпатор!

Ч у б у к о в . Что-с? Что вы сказали?

Н а т а л ь я С т е п а н о в н а . Папа, сейчас же пошли на Лужки косарей!

Ч у б у к о в *(Ломову)*. Что вы сказали, милостивый государь?

Н а т а л ь я С т е п а н о в н а . Воловьи Лужки наши, и я не уступлю, не уступлю, не уступлю!

Л о м о в . Это мы увидим! Я вам судом докажу, что они мои!

Ч у б у к о в . Судом? Можете подавать в суд, милостивый государь, и тому подобное! Можете! Я вас знаю, вы только, вот именно, и ждете случая, чтобы судиться и прочее… Кляузная натура! Весь ваш род был сутяжный! Весь!

Л о м о в . Прошу не оскорблять моего рода! В роду Ломовых все были честные и не было ни одного, который находился бы под судом за растрату, как ваш дядюшка!

Ч у б у к о в . А в вашем Ломовском роду все были сумасшедшие!

Н а т а л ь я С т е п а н о в н а . Все, все, все!

Ч у б у к о в . Дед ваш пил запоем, а младшая тетушка, вот именно, Настасья Михайловна, бежала с архитектором и прочее…

Л о м о в . А ваша мать была кривобокая. *(Хватается за сердце.)* В боку дернуло… В голову ударило… Батюшки!.. Воды!

Ч у б у к о в. А ваш отец был картежник и обжора!

Н а т а л ь я   С т е п а н о в н а. А тетка — сплетница, каких мало!

Л о м о в. Левая нога отнялась... А вы интриган... Ох, сердце!.. И ни для кого не тайна, что вы перед выборами под... В глазах искры... Где моя шляпа?

Н а т а л ь я   С т е п а н о в н а. Низко! Нечестно! Гадко!

Ч у б у к о в. А сами вы, вот именно, ехидный, двуличный и каверзный человек! Да-с!

Л о м о в. Вот она, шляпа... Сердце... Куда идти? Где дверь? Ох!.. Умираю, кажется... Нога волочится... *(Идет к двери.)*

Ч у б у к о в *(ему вслед)*. И чтоб ноги вашей больше не было у меня в доме!

Н а т а л ь я   С т е п а н о в н а. Подавайте в суд! Мы увидим!
Л о м о в уходит пошатываясь.

V
Ч у б у к о в   и   Н а т а л ь я   С т е п а н о в н а.

Ч у б у к о в. К черту! *(Ходит в волнении.)*

Н а т а л ь я   С т е п а н о в н а. Каков негодяй? Вот и верь после этого добрым соседям!

Ч у б у к о в. Мерзавец! Чучело гороховое!

Н а т а л ь я   С т е п а н о в н а. Урод этакий! Присвоил себе чужую землю, да еще смеет браниться.

Ч у б у к о в . И эта кикимора, эта, вот именно, куриная слепота осмеливается еще делать предложение и прочее! А? Предложение!

Н а т а л ь я С т е п а н о в н а . Какое предложение?

Ч у б у к о в . Как же! Приезжал за тем, чтоб тебе предложение сделать.

Н а т а л ь я С т е п а н о в н а . Предложение? Мне? Отчего же ты раньше мне этого не сказал?

Ч у б у к о в . И во фрак потому нарядился! Сосиска этакая! Сморчок!

Н а т а л ь я С т е п а н о в н а . Мне? Предложение? Ах! *(Падает в кресло и стонет.)* Вернуть его! Вернуть! Ах! Вернуть!

Ч у б у к о в . Кого вернуть?

Н а т а л ь я С т е п а н о в н а . Скорей, скорей! Дурно! Вернуть!*(Истерика.)*

Ч у б у к о в . Что такое? Что тебе? *(Хватает себя за голову.)*Несчастный я человек! Застрелюсь! Повешусь! Замучили!

Н а т а л ь я С т е п а н о в н а . Умираю! Вернуть!

Ч у б у к о в . Тьфу! Сейчас. Не реви! *(Убегает.)*

Н а т а л ь я С т е п а н о в н а *(одна, стонет)*. Что мы наделали! Вернуть! Вернуть!

Ч у б у к о в (*вбегает*). Сейчас придет и прочее, черт его возьми! Уф! Говори сама с ним, а я, вот именно, не желаю…

Н а т а л ь я   С т е п а н о в н а (*стонет*). Вернуть!

Ч у б у к о в (*кричит*). Идет он, тебе говорят. О, что за комиссия, создатель, быть взрослой дочери отцом! Зарежусь! Обязательно зарежусь! Выругали человека, осрамили, выгнали, а всё это ты… ты!

Н а т а л ь я   С т е п а н о в н а. Нет, ты!

Ч у б у к о в. Я же виноват, вот именно!

В дверях показывается Ломов.

Ну, разговаривай сама с ним! (*Уходит.*)

VI

Н а т а л ь я   С т е п а н о в н а   и   Л о м о в.

Л о м о в (*входит, изнеможенный*). Страшное сердцебиение… Нога онемела… в боку дергает…

Н а т а л ь я   С т е п а н о в н а. Простите, мы погорячились, Иван Васильевич… Я теперь припоминаю: Воловьи Лужки в самом деле ваши.

Л о м о в. Страшно сердце бьется… Мои Лужки… На обоих глазах живчики прыгают…

Н а т а л ь я   С т е п а н о в н а. Ваши, ваши Лужки… Садитесь…

Садятся.

Мы были неправы…

Л о м о в . Я из принципа… Мне не дорога земля, но дорог принцип…

Н а т а л ь я С т е п а н о в н а . Именно принцип… Давайте поговорим о чем-нибудь другом.

Л о м о в . Тем более, что у меня есть доказательства. Бабушка моей тетушки отдала крестьянам дедушки вашего батюшки…

Н а т а л ь я С т е п а н о в н а . Будет, будет об этом… *(В сторону.)* Не знаю, с чего начать… *(Ему.)* Скоро собираетесь на охоту?

Л о м о в . По тетеревам, уважаемая Наталья Степановна, думаю после жнитва начать. Ах, вы слышали? Представьте, какое у меня несчастье! Мой Угадай, которого вы изволите знать, захромал.

Н а т а л ь я С т е п а н о в н а . Какая жалость! Отчего же?

Л о м о в . Не знаю… Должно быть, вывихнул или другие собаки покусали… *(Вздыхает.)* Самая лучшая собака, не говоря уж о деньгах! Ведь я за него Миронову 125 рублей заплатил.

Н а т а л ь я С т е п а н о в н а . Переплатили, Иван Васильевич!

Л о м о в . А по-моему, это очень дешево. Собака чудесная.

Н а т а л ь я С т е п а н о в н а . Папа дал за своего Откатая 85 рублей, а ведь Откатай куда лучше вашего Угадая!

Л о м о в . Откатай лучше Угадая? Что
вы! *(Смеется.)* Откатай лучше Угадая!

Н а т а л ь я   С т е п а н о в н а . Конечно, лучше! Откатай,
правда, молод, еще не опсовел, но по ладам и по розвязи
лучше его нет даже у Волчанецкого.

Л о м о в . Позвольте, Наталья Степановна, но ведь вы
забываете, что он подуздоват, а подуздоватая собака всегда
непоимиста!

Н а т а л ь я   С т е п а н о в н а . Подуздоват? В первый раз
слышу!

Л о м о в . Уверяю вас, нижняя челюсть короче верхней.

Н а т а л ь я   С т е п а н о в н а . А вы мерили?

Л о м о в . Мерил. До угонки он годится, конечно, но если
на-завладай, то едва ли…

Н а т а л ь я   С т е п а н о в н а . Во-первых, наш Откатай
породистый, густопсовый, он сын Запрягая и Стамески, а у
вашего муругопегого не доберешься до породы… Потом
стар и уродлив, как кляча…

Л о м о в . Стар, да я за него пяти ваших Откатаев не
возьму… Разве можно? Угадай — собака, а Откатай… даже и
спорить смешно… Таких, как ваш Откатай, у всякого
выжлятника — хоть пруд пруди. Четвертная — красная
цена.

Н а т а л ь я   С т е п а н о в н а . В вас, Иван Васильевич,
сидит сегодня какой-то бес противоречия. То выдумали,

что Лужки ваши, то Угадай лучше Откатая. Не люблю я, когда человек говорит не то, что думает. Ведь вы отлично знаете, что Откатай во сто раз лучше вашего… этого глупого Угадая. Зачем же говорить напротив?

Л о м о в . Я вижу, Наталья Степановна, вы считаете меня за слепого или за дурака. Да поймите, что ваш Откатай подуздоват!

Н а т а л ь я   С т е п а н о в н а . Неправда.

Л о м о в . Подуздоват!

Н а т а л ь я   С т е п а н о в н а *(кричит)*. Неправда!

Л о м о в . Что же вы кричите, сударыня?

Н а т а л ь я   С т е п а н о в н а . Зачем же вы говорите чушь? Ведь это возмутительно! Вашего Угадая подстрелить пора, а вы сравниваете его с Откатаем!

Л о м о в . Извините, я не могу продолжать этого спора. У меня сердцебиение.

Н а т а л ь я   С т е п а н о в н а . Я заметила: те охотники больше всех спорят, которые меньше всех понимают.

Л о м о в . Сударыня, прошу вас, замолчите… У меня лопается сердце… *(Кричит.)* Замолчите!

Н а т а л ь я   С т е п а н о в н а . Не замолчу, пока вы не сознаетесь, что Откатай во сто раз лучше вашего Угадая!

Л о м о в . Во сто раз хуже! Чтоб он издох, ваш Откатай! Виски… глаз… плечо…

Н а т а л ь я   С т е п а н о в н а . А вашему дурацкому Угадаю
нет надобности издыхать, потому что он и без того уже
дохлый!

Л о м о в *(плачет)*. Замолчите! У меня разрыв сердца!!

Н а т а л ь я   С т е п а н о в н а . Не замолчу!

VII
Те же и Ч у б у к о в .

Ч у б у к о в *(входит)*. Что еще?

Н а т а л ь я   С т е п а н о в н а . Папа, скажи искренно, по
чистой совести: какая собака лучше — наш Откатай или
его Угадай?

Л о м о в . Степан Степанович, умоляю вас, скажите вы
только одно: подуздоват ваш Откатай или нет? Да или нет?

Ч у б у к о в . А хоть бы и так? Велика важность! Да зато во
всем уезде лучше собаки нет и прочее.

Л о м о в . Но ведь мой Угадай лучше? По совести!

Ч у б у к о в . Вы не волнуйтесь, драгоценный... Позвольте...
Ваш Угадай, вот именно, имеет свои хорошие качества... Он
чистопсовый, на твердых ногах, крутобедрый и тому
подобное. Но у этой собаки, если хотите знать, красавец
мой, два существенных недостатка: стара и с коротким
щипцом.

Л о м о в . Извините, у меня сердцебиение... Возьмем
факты... Извольте припомнить, в Маруськиных зеленях

мой Угадай шел с графским Размахаем ухо в ухо, а ваш Откатай отстал на целую версту.

Ч у б у к о в . Отстал, потому что графский доезжачий ударил его арапником.

Л о м о в . За дело. Все собаки за лисицей бегут, а Откатай барана трепать стал!

Ч у б у к о в . Неправда-с!.. Голубушка, я вспыльчив и, вот именно, прошу вас, прекратим этот спор. Ударил потому, что всем завидно на чужую собаку глядеть… Да-с! Ненавистники все! И вы, сударь, не без греха! Чуть, вот именно, заметите, что чья собака лучше вашего Угадая, сейчас же начинаете того, этого… самого… и тому подобное… Ведь я всё помню!

Л о м о в . И я помню!

Ч у б у к о в *(дразнит)*. И я помню… А что вы помните?

Л о м о в . Сердцебиение… Нога отнялась… Не могу.

Н а т а л ь я   С т е п а н о в н а *(дразнит)*. Сердцебиение… Какой вы охотник? Вам в кухне на печи лежать да тараканов давить, а не лисиц травить! Сердцебиение…

Ч у б у к о в . Вправду, какой вы охотник? С вашими, вот именно, сердцебиениями дома сидеть, а не на седле болтаться. Добро бы охотились, а то ведь ездите только за тем, чтобы спорить да чужим собакам мешать и прочее. Я вспыльчив, оставим этот разговор. Вы вовсе, вот именно, не охотник!

Л о м о в . А вы разве охотник? Вы ездите только за тем, чтобы к графу подмазываться да интриговать... Сердце!.. Вы интриган!

Ч у б у к о в . Что-с? Я интриган? *(Кричит.)* Замолчать!

Л о м о в . Интриган!

Ч у б у к о в . Мальчишка! Щенок!

Л о м о в . Старая крыса! Иезуит!

Ч у б у к о в . Замолчи, а то я подстрелю тебя из поганого ружья, как куропатку! Свистун!

Л о м о в . Всем известно, что — ох, сердце! — ваша покойная жена вас била... Нога... виски... искры... Падаю, падаю!..

Ч у б у к о в . А ты у своей ключницы под башмаком!

Л о м о в . Вот, вот, вот... лопнуло сердце! Плечо оторвалось... Где мое плечо?.. Умираю! *(Падает в кресло.)* Доктора! *(Обморок.)*

Ч у б у к о в . Мальчишка! Молокосос! Свистун! Мне дурно! *(Пьет воду.)* Дурно!

Н а т а л ь я   С т е п а н о в н а . Какой вы охотник? Вы и на лошади сидеть не умеете! *(Отцу.)* Папа! Что с ним? Папа! Погляди, папа!*(Взвизгивает.)* Иван Васильевич! Он умер!

Ч у б у к о в . Мне дурно!.. Дыханье захватило!.. Воздуху!

Н а т а л ь я   С т е п а н о в н а. Он умер! *(Треплет Ломова за рукав.)* Иван Васильич! Иван Васильич! Что мы наделали? Он умер! *(Падает в кресло.)* Доктора, Доктора! *(Истерика.)*

Ч у б у к о в. Ох!.. Что такое? Что тебе?

Н а т а л ь я   С т е п а н о в н а *(стонет)*. Он умер!.. умер!

Ч у б у к о в. Кто умер? *(Поглядев на Ломова.)* В самом деле помер! Батюшки! Воды! Доктора! *(Подносит ко рту Ломова стакан.)* Выпейте!.. Нет, не пьет... Значит, умер и тому подобное... Несчастнейший я человек! Отчего я не пускаю себе пулю в лоб? Отчего я еще до сих пор не зарезался? Чего я жду? Дайте мне нож! Дайте мне пистолет!

Ломов шевелится.

Оживает, кажется... Выпейте воды!.. Вот так...

Л о м о в. Искры... туман... Где я?

Ч у б у к о в. Женитесь вы поскорей и — ну вас к лешему! Она согласна! *(Соединяет руки Ломова и дочери.)* Она согласна и тому подобное. Благословляю вас и прочее. Только оставьте вы меня в покое!

Л о м о в. А? Что? *(Поднимаясь.)* Кого?

Ч у б у к о в. Она согласна! Ну? Поцелуйтесь и... и черт с вами!

Н а т а л ь я   С т е п а н о в н а *(стонет)*. Он жив... Да, да, я согласна...

Ч у б у к о в. Целуйтесь!

Л о м о в . А? кого? *(Целуется с Натальей Степановной.)* Очень приятно… Позвольте, в чем дело? Ах, да, понимаю… Сердце… искры… Я счастлив, Наталья Степановна… *(Целует руку.)* Нога отнялась…

Н а т а л ь я С т е п а н о в н а . Я… я тоже счастлива…

Ч у б у к о в . Точно гора с плеч… Уф!

Н а т а л ь я С т е п а н о в н а . Но… все-таки, согласитесь хоть теперь: Угадай хуже Откатая.

Л о м о в . Лучше!

Н а т а л ь я С т е п а н о в н а . Хуже!

Ч у б у к о в . Ну, начинается семейное счастье! Шампанского!

Л о м о в . Лучше!

Н а т а л ь я С т е п а н о в н а . Хуже! Хуже! Хуже!

Ч у б у к о в *(стараясь перекричать).* Шампанского! Шампанского!

Занавес

Трагик поневоле

(Из дачной жизни)
Шутка в одном действии

Действующие лица

И в а н И в а н о в и ч Т о л к а ч о в , отец семейства.

А л е к с е й А л е к с е е в и ч М у р а ш к и н , его друг.

Действие происходит в Петербурге, в квартире Мурашкина

Кабинет Мурашкина. Мягкая мебель. — Мурашкин сидит за письменным столом. Входит Толкачов, держа в руках стеклянный шар для лампы, игрушечный велосипед, три коробки со шляпками, большой узел с платьем, кулек с пивом и много маленьких узелков. Он бессмысленно поводит глазами и в изнеможении опускается на софу.

М у р а ш к и н . Здравствуй, Иван Иваныч! Как я рад! Откуда ты?

Т о л к а ч о в *(тяжело дыша)*. Голубчик, милый мой... У меня к тебе просьба... Умоляю... одолжи до завтрашнего дня револьвера. Будь другом!

М у р а ш к и н . На что тебе револьвер?

Т о л к а ч о в . Нужно... Ох, батюшки!.. Дай-ка воды... Скорей воды!.. Нужно... Ночью придется ехать темным лесом, так вот я... на всякий случай. Одолжи, сделай милость!

М у р а ш к и н . Ой, врешь, Иван Иваныч! Какой там у лешего темный лес? Вероятно, задумал что-нибудь? По лицу вижу, что задумал недоброе! Да что с тобою? Тебе дурно?

Т о л к а ч о в . Постой, дай отдышаться... Ох, матушки. Замучился, как собака. Во всем теле и в башке такое ощущение, как будто из меня шашлык сделали. Не могу больше терпеть. Будь другом, ничего не спрашивай, не вдавайся в подробности... дай револьвер! Умоляю!

М у р а ш к и н . Ну, полно! Иван Иваныч, что за малодушие? Отец семейства, статский советник! Стыдись!

Т о л к а ч о в . Какой я отец семейства? Я мученик! Я вьючная скотина, негр, раб, подлец, который все еще чего-то ждет и не отправляет себя на тот свет! Я тряпка, болван, идиот! Зачем я живу? Для чего? (Вскакивает.) Ну, ты скажи мне, для чего я живу? К чему этот непрерывный ряд нравственных и физических страданий? Я понимаю быть мучеником идеи, да! но быть мучеником черт знает чего, дамских юбок да ламповых шаров, нет! — слуга покорный! Нет, нет, нет! Довольно с меня! Довольно!

М у р а ш к и н . Ты не кричи, соседям слышно!

Т о л к а ч о в . Пусть и соседи слышат, для меня все равно! Не дашь ты револьвера, так другой даст, а уж мне не быть в живых! Решено!

М у р а ш к и н . Постой, ты мне пуговицу оторвал. Говори хладнокровно. Я все-таки не понимаю, чем же плоха твоя жизнь?

Т о л к а ч о в . Чем? Ты спрашиваешь: чем? Изволь, я расскажу тебе! Изволь! Выскажусь перед тобою и, может быть, на душе у меня полегчает. Сядем. Ну, слушай... Ох, матушки, одышка!.. Возьмем для примера хоть сегодняшний день. Возьмем. Как ты знаешь, от десяти часов до четырех приходится трубить в канцелярии. Жарища, духота, мухи и несосветимейший, братец ты мой, хаос. Секретарь отпуск взял, Храпов жениться поехал, канцелярская мелюзга помешалась на дачах, амурах да любительских спектаклях. Все заспанные, уморенные, испитые, так что не добьешься никакого толка... Должность секретаря исправляет субъект, глухой на левое ухо и влюбленный; просители обалделые, всё куда-то спешат и торопятся, сердятся, грозят, — такой кавардак со стихиями, что хоть караул кричи. Путаница и дым коромыслом. А работа аспидская: одно и то же, одно и то же, справка, отношение, справка, отношение, — однообразно, как зыбь морская. Просто, понимаешь ли, глаза вон из-под лба лезут. Дай-ка воды... Выходишь из присутствия разбитый, измочаленный, тут бы обедать идти и спать завалиться, ан нет! — помни, что ты дачник, то есть раб, дрянь, мочалка, сосулька, и изволь, как курицын сын, сейчас же бежать исполнять поручения. На наших дачах установился милый обычай: если дачник едет в город, то, не говоря уж о его супруге, всякая дачная мразь имеет власть и право навязать ему тьму поручений. Супруга требует, чтобы я заехал к модистке и выбранил ее за то, что лиф вышел широк, а в плечах узко; Соничке нужно переменить башмаки, свояченице пунцового шелку по образчику на двадцать копеек и три аршина тесьмы... Да вот, постой, я тебе сейчас прочту. *(Вынимает из кармана записочку и читает.)* Шар для лампы; 1 фунт ветчинной колбасы; гвоздики и корицы на 5 коп.; касторового масла для Миши; 10 фунтов сахарного песку; взять из дому медный таз и ступку для сахара; карболовой кислоты, персидского порошку, пудры на 10 коп.; 20 бутылок пива; уксусной эссенции и корсет для m-lle Шансо № 82 ...уф! и взять дома Мишино осеннее пальто и калоши. Это приказ супруги и семейства. Теперь поручения милых знакомых и соседей, черт бы их взял. У Власиных завтра именинник Володя, ему нужно велосипед купить; подполковница Вихрина в интересном положении, и по этому случаю я обязан ежедневно заезжать к акушерке и приглашать ее приехать. И так далее, и так далее. Пять записок у меня в кармане и весь платок в узелках. Этак, батенька, в промежутке между службой и поездом бегаешь по городу, как собака, высунув язык, — бегаешь, бегаешь и жизнь проклянешь. Из магазина в аптеку, из аптеки к модистке, от модистки в колбасную, а там опять в аптеку. Тут спотыкнешься, там деньги потеряешь, в третьем месте заплатить забудешь и за тобою гонятся со скандалом, в четвертом месте даме на шлейф наступишь... тьфу! От такого моциона осатанеешь и так тебя разломает, что потом всю ночь кости трещат и крокодилы снятся. Ну-с, поручения исполнены, все куплено, теперь как прикажешь упаковать всю эту музыку? Как ты, например, уложишь вместе тяжелую медную ступку и толкач с ламповым шаром или карболку с чаем? Как ты скомбинируешь воедино пивные бутылки и этот велосипед? Египетская работа, задача для ума, ребус! Как там ни ломай голову, как ни хитри, а в конце концов все-таки что-нибудь расколотишь и рассыплешь, а на вокзале и в вагоне будешь стоять, растопыривши руки, раскорячившись и поддерживая подбородком какой-нибудь узел, весь в кульках, в картонках и в прочей дряни. А тронется поезд, публика начнет швырять во все стороны твой багаж: своими вещами ты чужие места занял. Кричат, зовут кондуктора, грозят высадить, а я-то что поделаю? Стою и глазами только лупаю, как побитый осел. Теперь слушай дальше. Приезжаю я к себе на дачу. Тут бы выпить хорошенько от трудов праведных, поесть да храповицкого — не правда ли? — но не тут-то было. Моя супружница уж давно стережет. Едва ты похлебал супу, как она цап-царап раба божьего и — не угодно ли вам пожаловать куда-нибудь на любительский спектакль или танцевальный круг? Протестовать не моги. Ты — муж, а слово «муж» в переводе на дачный язык значит бессловесное животное, на котором можно ездить и возить клади сколько угодно, не боясь вмешательства общества покровительства животных. Идешь и таращишь глаза на «Скандал в благородном семействе» или на какую-нибудь «Мотю», аплодируешь по приказанию супруги и чахнешь, чахнешь, чахнешь и каждую минуту ждешь, что вот-вот тебя хватит кондратий. А на кругу гляди на танцы и подыскивай для супруги кавалеров, а если недостает кавалера, то и сам изволь танцевать кадриль. Танцуешь с какой-нибудь Кривулей Ивановной, улыбаешься по-дурацки, а сам думаешь: «доколе, о господи?» Вернешься после полуночи из театра или с бала, а уж ты не человек, а дохлятина, хоть брось. Но вот наконец ты достиг цели: разоблачился и лег в постель. Отлично, закрывай глаза и спи... Все так хорошо, поэтично: и тепло, понимаешь ли, и ребята за стеной не визжат, и супруги нет, и совесть чиста — лучше и не надо. Засыпаешь ты — и вдруг... и вдруг слышишь: дзз!.. Комары! *(Вскакивает.)*Комары, будь они трижды, анафемы, прокляты, комары!*(Потрясает кулаками.)* Комары! Это казнь египетская, инквизиция! Дзз!.. Дзюзюкает этак жалобно, печально, точно прощения просит, но так тебя, подлец, укусит, что потом целый час чешешься. Ты и куришь, и бьешь их, и с головой укрываешься — нет спасения! В конце концов плюнешь и отдашь себя на растерзание: жрите, проклятые! Не успеешь привыкнуть к комарам, как новая казнь египетская: в зале супруга начинает со своими тенорами романсы разучивать. Днем спят, а по ночам к любительским концертам готовятся. О, боже мой! Тенора — это такое мучение, что никакие комары не сравнятся. *(Поет.)* «Не говори, что молодость сгубила...» «Я вновь пред тобою стою очарован...» О, по- одлые! Всю душу мою вытянули! Чтоб их хоть немножко заглушить, я на такой фокус пускаюсь: стучу себе пальцем по виску около уха. Этак стучу часов до четырех, пока не разойдутся. Ох, дай-ка, брат, еще воды... Не могу... Ну-с, этак, не поспавши, встанешь в шесть часов и — марш на станцию к поезду. Бежишь, боишься опоздать, а тут грязь, туман, холод, брр! А приедешь в город, заводи шарманку сначала. Так-то, брат. Жизнь, доложу я тебе, преподлая, и врагу такой жизни не пожелаю. Понимаешь — заболел! Одышка, изжога, вечно чего-то боюсь, желудок не варит, в глазах мутно... Веришь ли, психопатом стал... *(Оглядывается.)* Только это между нами... Хочу сходить к Чечотту или к Мержеевскому. Находит на меня, братец, какая-то чертовщина. Этак в минуты досады и обалдения, когда комары кусают или тенора поют, вдруг в глазах помутится, вдруг вскочишь, бегаешь, как угорелый, по всему дому и кричишь: «Крови жажду! Крови!» И в самом деле, в это время хочется кого-нибудь ножом пырнуть или по голове стулом трахнуть. Вот оно, до чего дачная жизнь доводит! И никто не жалеет, не сочувствует, а как будто это так и надо. Даже смеются. Но ведь пойми, я животное, я жить хочу! Тут не водевиль, а трагедия! Послушай, если не даешь револьвера, то хоть посочувствуй!

М у р а ш к и н . Я сочувствую.

Т о л к а ч о в . Вижу, как вы сочувствуете... Прощай. Поеду за кильками, за колбасой... зубного порошку еще надо, а потом на вокзал.

М у р а ш к и н . Ты где на даче живешь?

Т о л к а ч о в . На Дохлой речке.

М у р а ш к и н *(радостно)*. Неужели? Послушай, ты не знаешь ли там дачницу Ольгу Павловну Финберг?

Т о л к а ч о в . Знаю. Знаком даже.

М у р а ш к и н . Да что ты? Ведь вот какой случай! Как это кстати, как это мило с твоей стороны...

Т о л к а ч о в . Что такое?

М у р а ш к и н . Голубчик, милый, не можешь ли исполнить одну маленькую просьбу? Будь другом! Ну, дай честное слово, что исполнишь!

Т о л к а ч о в . Что такое?

М у р а ш к и н . Не в службу, а в дружбу! Умоляю, голубчик. Во-первых, поклонись Ольге Павловне и скажи, что я жив и здоров, целую ей ручку. Во-вторых, свези ей одну вещичку. Она поручила мне купить для нее ручную швейную машину, а доставить ей некому... Свези, милый! И, кстати, заодно вот эту клетку с канарейкой... только осторожней, а то дверца сломается... Что ты на меня так глядишь?

Т о л к а ч о в . Швейная машинка... канарейка с клеткой... чижики, зяблики...

М у р а ш к и н . Иван Иванович, да что с тобой? Отчего ты побагровел?

Т о л к а ч о в *(топая ногами)*. Давай сюда машинку! Где клетка? Садись сам верхом! Ешь человека! Терзай! Добивай его! *(Сжимая кулаки.)* Крови жажду! Крови! Крови!

М у р а ш к и н . Ты с ума сошел!

Т о л к а ч о в *(наступая на него)*. Крови жажду! Крови!

М у р а ш к и н *(в ужасе)*. Он с ума сошел! *(Кричит.)* Петрушка! Марья! Где вы? Люди, спасите!

Т о л к а ч о в *(гоняясь за ним по комнате)*. Крови жажду! Крови!

Занавес

Юбилей

Шутка в одном действии

Действующие лица

Ш и п у ч и н А н д р е й А н д р е е в и ч, председатель правления N-ского Общества взаимного кредита, нестарый человек, с моноклем.

Т а т ь я н а А л е к с е е в н а, его жена, 25 лет.

Х и р и н К у з ь м а Н и к о л а е в и ч, бухгалтер банка, старик.

М е р ч у т к и н а Н а с т а с ь я Ф е д о р о в н а, старуха в салопе.

Ч л е н ы б а н к а.

С л у ж а щ и е в б а н к е.

Действие происходит в N-ском Банке взаимного кредита.

Кабинет председателя правления. Налево дверь, ведущая в контору банка. Два письменных стола. Обстановка с претензией на изысканную роскошь: бархатная мебель, цветы, статуи, ковры, телефон. — Полдень.

Х и р и н один; он в валенках.

Х и р и н *(кричит в дверь)*. Пошлите взять в аптеке валериановых капель на пятнадцать копеек да велите принести в директорский кабинет свежей воды! Сто раз вам говорить! *(Идет к столу.)* Совсем замучился. Пишу уже четвертые сутки и глаз не смыкаю; от утра до вечера пишу здесь, а от вечера до утра — дома. *(Кашляет.)* А тут еще воспаление во всем теле. Зноб, жар, кашель, ноги ломит и в глазах этакие... междометия. *(Садится.)* Наш кривляка, этот мерзавец, председатель правления, сегодня на общем собрании будет читать доклад: «Наш банк в настоящем и в будущем». Какой Гамбетта, подумаешь... *(Пишет.)* Два... один... один... шесть... ноль... семь... Затем, шесть... ноль... один... шесть.... Ему хочется пыль пустить, а я вот сиди и работай для него, как каторжный!.. Он в этот доклад одной только поэзии напустил и больше ничего, а я вот день-деньской на счетах щелкай, черт бы его душу драл!.. *(Щелкает на счетах.)* Терпеть не могу! *(Пишет.)* Значит, один... три... семь... два... один... ноль... Обещал наградить за труды. Если сегодня все обойдется благополучно и удастся очки втереть публике, то обещал золотой жетон и триста наградных... Увидим. *(Пишет.)* Ну, а если труды мои пропадут даром, то, брат, не взыщи... Я человек вспыльчивый... Я, брат, под горячую руку могу и преступление совершить... Да!

За сценой шум и аплодисменты. Голос Шипучина: «Благодарю! благодарю! Тронут!» Входит Ш и п у ч и н . Он

во фраке и белом галстуке; в руках только что
поднесенный ему альбом.

Ш и п у ч и н *(стоя в дверях и обращаясь в контору).* Этот
ваш подарок, дорогие сослуживцы, я буду хранить до самой
смерти как воспоминание о счастливейших днях моей
жизни! Да, милостивые государи! Еще раз
благодарю! *(Посылает воздушный поцелуй и идет к
Хирину.)* Мой дорогой, мой почтеннейший Кузьма
Николаич!

Все время, пока он на сцене, служащие изредка входят с
бумагами для подписи и уходят.

Х и р и н *(вставая).* Честь имею поздравить вас, Андрей
Андреич, с пятнадцатилетней годовщиной нашего банка и
желаю, чтоб...

Ш и п у ч и н *(крепко пожимает руку).* Благодарю, мой
дорогой! Благодарю! Для сегодняшнего знаменательного
дня, ради юбилея, полагаю, можно и поцеловаться!..

Целуются.

Очень, очень рад! Спасибо вам за службу... за все, за все
спасибо! Если мною, пока я имею честь быть
председателем правления этого банка, сделано что-нибудь
полезное, то этим я обязан прежде всего своим
сослуживцам. *(Вздыхает.)* Да, батенька, пятнадцать лет!
Пятнадцать лет, не будь я Шипучин! *(Живо.)* Ну, что мой
доклад? Подвигается?

Х и р и н . Да. Осталось всего страниц пять.

Ш и п у ч и н . Прекрасно. Значит, к трем часам будет готов?

Х и р и н . Если никто не помешает, то кончу. Пустяки осталось.

Ш и п у ч и н . Великолепно. Великолепно, не будь я Шипучин! Общее собрание будет в четыре. Пожалуйста, голубчик. Дайте-ка мне первую половину, я проштудирую… Дайте скорее… *(Берет доклад.)* На этот доклад я возлагаю громадные надежды… Это moeprofession de foi¹, или, лучше сказать, мой фейерверк… Фейерверк, не будь я Шипучин! *(Садится и про себя читает доклад.)* Устал я, однако, адски… Ночью у меня был припадочек подагры, все утро провел в хлопотах и побегушках, потом эти волнения, овации, эта ажитация… устал!

Х и р и н *(пишет).* Два… ноль… ноль… три… девять… два… ноль… От цифр в глазах зелено… Три… один… шесть… четыре… один… пять… *(Щелкает на счетах.)*

Ш и п у ч и н . Тоже неприятность… Сегодня утром была у меня ваша супруга и опять жаловалась на вас. Говорила, что вчера вечером вы за нею и за свояченицей с ножом гонялись. Кузьма Николаич, на что это похоже? Ай-ай!

Х и р и н *(сурово).* Осмелюсь ради юбилея, Андрей Андреич, обратиться к вам с просьбой. Прошу вас, хотя бы из уважения к моим каторжным трудам, не вмешивайтесь в мою семейную жизнь. Прошу!

---

1 исповедание веры *(франц.)*

Ш и п у ч и н *(вздыхает)*. Невозможный у вас характер, Кузьма Николаич! Человек вы прекрасный, почтенный, а с женщинами держите себя, как какой-нибудь Джэк. Право. Не понимаю, за что вы их так ненавидите?

Х и р и н . А я вот не понимаю: за что вы их так любите?

Пауза.

Ш и п у ч и н . Служащие поднесли сейчас альбом, а члены банка, как я слышал, хотят поднести мне адрес и серебряный жбан…*(Играя моноклем.)* Хорошо, не будь я Шипучин! Это не лишнее… Для репутации банка необходима некоторая помпа, черт возьми! Вы свой человек, вам все, конечно, известно… Адрес сочинял я сам, серебряный жбан купил тоже я сам… Ну, и переплет для адреса сорок пять рублей, но без этого нельзя. Сами бы они не догадались. *(Оглядывается.)* Обстановочка-то какова! Что за обстановка! Вот говорят, что я мелочен, что мне нужно, чтобы только замки у дверей были почищены, чтоб служащие носили модные галстуки да у подъезда стоял толстый швейцар. Ну, нет, судари мои. Замки у дверей и толстый швейцар — не мелочь. Дома у себя я могу быть мещанином, есть и спать по-свински, пить запоем…

Х и р и н . Прошу, пожалуйста, без намеков!

Ш и п у ч и н . Ах, никто не намекает! Какой у вас невозможный характер… Так вот я и говорю: дома у себя я могу быть мещанином, парвеню и слушаться своих привычек, но здесь все должно быть en grand². Здесь банк! Здесь каждая деталь должна импонировать, так сказать, и иметь торжественный вид.*(Поднимает с пола бумажку и бросает ее в камин.)* Заслуга моя именно в том, что я высоко поднял репутацию банка!.. Великое дело — тон! Великое, не будь я Шипучин. *(Оглядев Хирина.)* Дорогой мой, каждую минуту сюда может явиться депутация от членов банка, а вы в валенках, в этом шарфе… в каком-то пиджаке дикого цвета… Могли бы надеть фрак, ну, наконец, черный сюртук…

Х и р и н . Для меня здоровье дороже ваших членов банка. У меня воспаление всего тела.

Ш и п у ч и н *(волнуясь)*. Но согласитесь, что это беспорядок! Вы нарушаете ансамбль!

Х и р и н . Если придет депутация, то я спрятаться могу. Не велика беда… *(Пишет.)* Семь… один… семь… два… один… пять… ноль. Я и сам беспорядков не люблю… Семь… два… девять…*(Щелкает на счетах.)* Терпеть не могу беспорядков! Вот хорошо бы вы сделали, если бы не приглашали сегодня на юбилейный обед дам…

Ш и п у ч и н . Пустяки какие….

Х и р и н . Я знаю, вы для шику напустите их сегодня полную залу, но, глядите, они вам все дело испортят. От них всякий вред и беспорядок.

---

2 на широкую ногу (*франц.*)

Ш и п у ч и н . Напротив, женское общество возвышает!

Х и р и н . Да… Ваша супруга, кажется, образованная, а в понедельник на прошлой неделе такое выпалила, что я потом дня два только руками разводил. Вдруг при посторонних спрашивает: «Правда ли, что у нас в банке муж накупил акций Дряжско-Пряжского банка, которые упали на бирже? Ах, мой муж так беспокоится!» Это при посторонних-то! И зачем вы откровенничаете с ними, не понимаю! Хотите, чтобы они вас под уголовщину подвели?

Ш и п у ч и н . Ну, довольно, довольно! Для юбилея это все слишком мрачно. Кстати, вы мне напомнили. *(Смотрит на часы.)* Сейчас должна приехать моя супружница. В сущности, следовало бы съездить на вокзал, встретить ее, бедняжку, но нет времени и… и устал. Признаться, я не рад ей! То есть я рад, но для меня было бы приятнее, если бы она еще денька два пожила у своей матери. Она потребует, чтобы я сегодня провел весь вечер с нею, а, между тем, у нас сегодня предполагается после обеда маленькая экскурсия… *(Вздрагивает.)* Однако, у меня уже начинается нервная дрожь. Нервы так напряжены, что достаточно, кажется, малейшего пустяка, чтобы я расплакался! Нет, надо быть крепким, не будь я Шипучин!

> Входит Т а т ь я н а А л е к с е е в н а , в ватерпруфе и с дорожной сумочкой через плечо.

Ш и п у ч и н . Ба! Легка на помине!

Т а т ь я н а   А л е к с е е в н а. Милый! *(Бежит к мужу, продолжительный поцелуй.)*

Ш и п у ч и н. А мы только что о тебе говорили!.. *(Смотрит на часы.)*

Т а т ь я н а   А л е к с е е в н а *(запыхавшись)*. Соскучился? Здоров? А я еще дома не была, с вокзала прямо сюда. Нужно тебе рассказать многое, многое… не могу утерпеть… Раздеваться я не буду, я на минутку. *(Хирину.)* Здравствуйте, Кузьма Николаич! *(Мужу.)* Дома у нас все благополучно?

Ш и п у ч и н. Все. А ты за эту неделю пополнела, похорошела… Ну, как съездила?

Т а т ь я н а   А л е к с е е в н а. Превосходно. Кланяются тебе мама и Катя. Василий Андреич велел тебя поцеловать. *(Целует.)* Тетя прислала тебе банку варенья, и все сердятся, что ты не пишешь. Зина велела тебя поцеловать. *(Целует.)* Ах, если б ты знал, что было! Что было! Мне даже страшно рассказывать! Ах, что было! Но я вижу по глазам, что ты мне не рад!

Ш и п у ч и н. Напротив… Милая… *(Целует.)*

              Хирин сердито кашляет.

Т а т ь я н а   А л е к с е е в н а *(вздыхает)*. Ах, бедная Катя, бедная Катя! Мне ее так жаль, так жаль!

Ш и п у ч и н . У нас, милая, сегодня юбилей, всякую минуту может явиться сюда депутация от членов банка, а ты не одета.

Т а т ь я н а   А л е к с е е в н а . Правда, юбилей! Поздравляю, господа… Желаю вам… Значит, сегодня собрание, обед… Это я люблю. А помнишь, тот прекрасный адрес, который ты так долго сочинял для членов банка? Его сегодня будут тебе читать?

Хирин сердито кашляет.

Ш и п у ч и н *(смущенно)*. Милая, об этом не говорят… Право, ехала бы домой.

Т а т ь я н а   А л е к с е е в н а . Сейчас, сейчас. В одну минуту расскажу и уеду. Я тебе все с самого начала. Ну-с… Когда ты меня проводил, я, помнишь, села рядом с той полной дамой и стала читать. В вагоне я не люблю разговаривать. Три станции все читала и ни с кем ни одного слова… Ну, наступил вечер, и такие, знаешь, пошли всё мрачные мысли! Напротив сидел молодой человек, ничего себе так, недурненький, брюнет… Ну, разговорились… Подошел моряк, потом студент какой-то…*(Смеется.)* Я сказала им, что я не замужем… Как они за мной ухаживали! Болтали мы до самой полночи, брюнет рассказывал ужасно смешные анекдоты, а моряк все пел. У меня грудь заболела от смеха. А когда моряк — ах, эти моряки! — когда моряк узнал нечаянно, что меня зовут Татьяной, то знаешь, что он пел? *(Поет басом.)* Онегин, я скрывать не стану, безумно я люблю Татьяну!.. *(Хохочет.)*

Хирин сердито кашляет.

Ш и п у ч и н . Однако, Танюша, мы мешаем Кузьме Николаичу. Поезжай домой, милая... После...

Т а т ь я н а А л е к с е е в н а . Ничего, ничего, пусть и он послушает, это очень интересно. Я сейчас кончу. На станцию выехал за мной Сережа. Подвернулся тут какой-то молодой человек, податной инспектор, кажется... ничего себе, славненький, особенно глаза... Сережа представил его, и мы поехали втроем... Погода была чудная...

За сценой голоса: «Нельзя! Нельзя! Что вам угодно?»

Входит М е р ч у т к и н а .

М е р ч у т к и н а *(в дверях, отмахиваясь)*. Чего хватаете-то? Вот еще! Мне самого нужно!.. *(Входит, Шипучину.)* Честь имею, ваше превосходительство... Жена губернского секретаря, Настасья Федоровна Мерчуткина-с.

Ш и п у ч и н . Что вам угодно?

М е р ч у т к и н а . Изволите ли видеть, ваше превосходительство, муж мой, губернский секретарь Мерчуткин, был болен пять месяцев, и пока он лежал дома и лечился, ему без всякой причины отставку дали, ваше превосходительство, а когда я пошла за его жалованьем, то они, изволите ли видеть, взяли и вычли из его жалованья двадцать четыре рубля тридцать шесть копеек. За что? спрашиваю. «А он, говорят, из товарищеской кассы брал и за него другие ручались». Как же так? Нешто он мог без моего согласия брать? Так нельзя, ваше превосходительство! Я женщина бедная, только и кормлюсь жильцами... Я слабая, беззащитная... От всех обиду терплю и ни от кого доброго слова не слышу.

Ш и п у ч и н . Позвольте... *(Берет от нее прошение и читает его стоя.)*

Т а т ь я н а   А л е к с е е в н а *(Хирину).* Но нужно сначала... На прошлой неделе вдруг я получаю от мамы письмо. Пишет, что сестре Кате сделал предложение некий Грендилевский. Прекрасный, скромный молодой человек, но без всяких средств и никакого определенного положения. И на беду, представьте себе, Катя увлеклась им. Что тут делать? Мама пишет, чтобы я не медля приехала и повлияла на Катю...

Х и р и н *(сурово).* Позвольте, вы меня сбили! Вы — мама да Катя, а я вот сбился и ничего не понимаю.

Т а т ь я н а   А л е к с е е в н а . Экая важность! А вы слушайте, когда с вами дама говорит! Отчего вы сегодня такой сердитый? Влюблены? *(Смеется.)*

Ш и п у ч и н *(Мерчуткиной).* Позвольте, однако, как же это? Я ничего не понимаю...

Т а т ь я н а   А л е к с е е в н а . Влюблены? Ага! Покраснел!

Ш и п у ч и н *(жене).* Танюша, поди, милая, на минутку в контору. Я сейчас.

Т а т ь я н а   А л е к с е е в н а . Хорошо. *(Уходит.)*

Ш и п у ч и н . Я ничего не понимаю. Очевидно, вы, сударыня, не туда попали. Ваша просьба по существу совсем к нам не относится. Вы потрудитесь обратиться в то ведомство, где служил ваш муж.

М е р ч у т к и н а . Я, батюшка, в пяти местах уже была, нигде даже прошения не приняли. Я уж и голову потеряла, да спасибо зятю Борису Матвеичу, надоумил к вам сходить. «Вы, говорит, мамаша, обратитесь к господину Шипучину: они влиятельный человек, все могут...» Помогите, ваше превосходительство!

Ш и п у ч и н . Мы, госпожа Мерчуткина, ничего не можем для вас сделать. Поймите вы: ваш муж, насколько я могу судить, служил по военно-медицинскому ведомству, а наше учреждение совершенно частное, коммерческое, у нас банк. Как не понять этого!

М е р ч у т к и н а . Ваше превосходительство, а что муж мой болен был, у меня докторское свидетельство есть. Вот оно, извольте поглядеть...

Ш и п у ч и н *(раздраженно)*. Прекрасно, я верю вам, но, повторяю, это к нам не относится.

За сценой смех Татьяны Алексеевны; потом мужской смех.

Ш и п у ч и н *(взглянув на дверь)*. Она там мешает служащим.*(Мерчуткиной.)* Странно и даже смешно. Неужели ваш муж не знает, куда вам обращаться?

М е р ч у т к и н а . Он, ваше превосходительство, у меня ничего не знает. Зарядил одно: «не твое дело! пошла вон!» да и все тут...

Ш и п у ч и н . Повторяю, сударыня: ваш муж служил по военно-медицинскому ведомству, а здесь банк, учреждение частное, коммерческое...

М е р ч у т к и н а . Так, так, так... Понимаю, батюшка. В таком случае, ваше превосходительство, прикажите выдать мне хоть пятнадцать рублей! Я согласна не всё сразу.

Ш и п у ч и н *(вздыхает).* Уф!

Х и р и н . Андрей Андреич, этак я никогда доклада не кончу!

Ш и п у ч и н . Сейчас. *(Мерчуткиной.)* Вам не втолкуешь. Да поймите же, что обращаться к нам с подобной просьбой так же странно, как подавать прошение о разводе, например, в аптеку или в пробирную палатку.

Стук в дверь. Голос Т а т ь я н ы   А л е к с е е в н ы : «Андрей, можно войти?»

(Кричит.) Погоди, милая, сейчас! *(Мерчуткиной.)* Вам не доплатили, но мы-то тут при чем? И к тому же, сударыня, у нас сегодня юбилей, мы заняты... и может сюда войти кто-нибудь сейчас... Извините...

М е р ч у т к и н а . Ваше превосходительство, пожалейте меня, сироту! Я женщина слабая, беззащитная...

Замучилась до смерти… И с жильцами судись, и за мужа хлопочи, и по хозяйству бегай, а тут еще зять без места.

Ш и п у ч и н . Госпожа Мерчуткина, я… Нет, извините, я не могу с вами говорить! У меня даже голова закружилась… Вы и нам мешаете, и время понапрасну теряете… *(Вздыхает, в сторону.)* Вот пробка, не будь я Шипучин! *(Хирину.)* Кузьма Николаич, объясните вы, пожалуйста, госпоже Мерчуткиной… *(Машет рукой и уходит в правление.)*

Х и р и н *(подходит к Мерчуткиной. Сурово)*. Что вам угодно?

М е р ч у т к и н а . Я женщина слабая, беззащитная… На вид, может, я крепкая, а ежели разобрать, так во мне ни одной жилочки нет здоровой! Еле на ногах стою и аппетита решилась. Кофей сегодня пила и без всякого удовольствия.

Х и р и н . Я вас спрашиваю, что вам угодно?

М е р ч у т к и н а . Прикажите, батюшка, выдать мне пятнадцать рублей, а остальные хоть через месяц.

Х и р и н . Но ведь вам, кажется, было сказано русским языком: здесь банк!

М е р ч у т к и н а . Так, так… А если нужно, я могу медицинское свидетельство представить.

Х и р и н . У вас на плечах голова или что?

М е р ч у т к и н а . Миленький, ведь я по закону прошу. Мне чужого не нужно.

Х и р и н . Я вас, мадам, спрашиваю: у вас голова на плечах или что? Ну, черт меня подери совсем, мне некогда с вами разговаривать! Я занят. *(Указывает на дверь.)* Прошу!

М е р ч у т к и н а *(удивленная)*. А деньги как же?..

Х и р и н . Одним словом, у вас на плечах не голова, а вот что...*(Стучит пальцем по столу, потом себе по лбу.)*

М е р ч у т к и н а *(обидевшись)*. Что? Ну, нечего, нечего... Своей жене постукай... Я губернская секретарша... Со мной не очень!

Х и р и н *(вспылив, вполголоса)*. Вон отсюда!

М е р ч у т к и н а . Но, но, но... Не очень!

Х и р и н *(вполголоса)*. Ежели ты не уйдешь сию секунду, то я за дворником пошлю! Вон! *(Топочет ногами.)*

М е р ч у т к и н а . Нечего, нечего! Не боюсь! Видали мы таких... Скважина!

Х и р и н . Кажется, во всю свою жизнь не видал противнее... Уф! Даже в голову ударило... *(Тяжело дышит.)* Я тебе еще раз говорю... Слышишь! Ежели ты, старая кикимора, не уйдешь отсюда, то я тебя в порошок сотру! У меня такой характер, что я могу из тебя на весь век калеку сделать! Я могу преступление совершить!

М е р ч у т к и н а . Собака лает, ветер носит. Не испугалась. Видали мы таких.

Х и р и н *(в отчаянии).* Видеть ее не могу! Мне дурно! Я не могу!*(Идет к столу и садится.)* Напустили баб полон банк, не могу я доклада писать! Не могу!

М е р ч у т к и н а . Я не чужое прошу, а свое, по закону. Ишь срамник! В присутственном месте в валенках сидит... Мужик...

Входят Ш и п у ч и н и Т а т ь я н а   А л е к с е е в н а .

Т а т ь я н а   А л е к с е е в н а *(входя за мужем).* Поехали мы на вечер к Бережницким. На Кате было голубенькое фуляровое платье с легким кружевом и с открытой шейкой... Ей очень к лицу высокая прическа, и я ее сама причесала... Как оделась и причесалась, ну просто очарование!

Ш и п у ч и н *(уже с мигренью).* Да, да... очарование... Сейчас могут прийти сюда.

М е р ч у т к и н а . Ваше превосходительство!..

Ш и п у ч и н *(уныло).* Что еще? Что вам угодно?

М е р ч у т к и н а . Ваше превосходительство!.. *(Указывает на Хирина.)* Вот этот, вот самый... вот этот постучал себе пальцем по лбу, а потом по столу... Вы велели ему мое дело разобрать, а он насмехается и всякие слова. Я женщина слабая, беззащитная...

Ш и п у ч и н . Хорошо, сударыня, я разберу... приму меры... Уходите... после!.. *(В сторону.)* У меня подагра начинается!..

Х и р и н *(подходит к Шипучину, тихо).* Андрей Андреич, прикажите послать за швейцаром, пусть ее в три шеи погонит. Ведь это что такое?

Ш и п у ч и н *(испуганно).* Нет, нет! Она визг поднимет, а в этом доме много квартир.

М е р ч у т к и н а. Ваше превосходительство!..

Х и р и н *(плачущим голосом).* Но ведь мне доклад надо писать! Я не успею!.. *(Возвращается к столу.)* Я не могу!

М е р ч у т к и н а. Ваше превосходительство, когда же я получу? Мне нынче деньги надобны.

Ш и п у ч и н *(в сторону, с негодованием).* За-ме-ча-тель-но подлая баба! *(Ей мягко.)* Сударыня, я уже вам говорил. Здесь банк, учреждение частное, коммерческое...

М е р ч у т к и н а. Сделайте милость, ваше превосходительство, будьте отцом родным... Ежели медицинского свидетельства мало, то я могу и из участка удостоверение представить. Прикажите выдать мне деньги!

Ш и п у ч и н *(тяжело вздыхает).* Уф!

Т а т ь я н а   А л е к с е е в н а *(Мерчуткиной).* Бабушка, вам же говорят, что вы мешаете. Какая вы, право.

М е р ч у т к и н а. Красавица, матушка, за меня похлопотать некому. Одно только звание, что пью и ем, а кофей ныне пила без всякого удовольствия.

Ш и п у ч и н *(в изнеможении, Мерчуткиной).* Сколько вы хотите получить?

М е р ч у т к и н а. Двадцать четыре рубля тридцать шесть копеек.

Ш и п у ч и н. Хорошо! *(Достает из бумажника 25 руб. и подает ей.)* Вот вам двадцать пять рублей. Берите и… уходите!

Хирин сердито кашляет.

М е р ч у т к и н а. Покорнейше благодарю, ваше превосходительство… *(Прячет деньги.)*

Т а т ь я н а А л е к с е е в н а *(садясь около мужа).* Однако мне пора домой… *(Посмотрев на часы.)* Но я еще не кончила… В одну минуточку кончу и уйду… Что было! Ах, что было! Итак, поехали мы на вечер к Бережницким… Ничего себе, весело было, но не особенно… Был, конечно, и Катин вздыхатель Грендилевский… Ну, я с Катей поговорила, поплакала, повлияла на нее, она тут же на вечере объяснилась с Грендилевским и отказала ему. Ну, думаю, все устроилось, как нельзя лучше: маму успокоила, Катю спасла и теперь сама могу быть спокойна… Что же ты думаешь? Перед самым ужином идем мы с Катей по аллее и вдруг…*(Волнуясь.)* И вдруг слышим выстрел… Нет, я не могу говорить об этом хладнокровно! *(Обмахивается платком.)* Нет, не могу!

Ш и п у ч и н *(вздыхает).* Уф!

Т а т ь я н а   А л е к с е е в н а *(плачет)*. Бежим к беседке, а там… там лежит бедный Грендилевский… с пистолетом в руке…

Ш и п у ч и н . Нет, я этого не вынесу! Я не вынесу! *(Мерчуткиной.)* Вам что еще нужно?

М е р ч у т к и н а . Ваше превосходительство, нельзя ли моему мужу опять поступить на место?

Т а т ь я н а   А л е к с е е в н а *(плача)*. Выстрелил себе прямо в сердце… вот тут… Катя упала без чувств, бедняжка… А он сам страшно испугался, лежит и… и просит послать за доктором. Скоро приехал доктор и… и спас несчастного…

М е р ч у т к и н а . Ваше превосходительство, нельзя ли моему мужу опять поступить на место?

Ш и п у ч и н . Нет, я не вынесу! *(Плачет.)* Не вынесу! *(Протягивает к Хирину обе руки, в отчаянии.)* Прогоните ее! Прогоните, умоляю вас!

Х и р и н *(подходя к Татьяне Алексеевне)*. Вон отсюда!

Ш и п у ч и н . Не ее, а вот эту… вот эту ужасную… *(указывает на Мерчуткину)* вот эту!

Х и р и н *(не поняв его, Татьяне Алексеевне)*. Вон отсюда! *(Топочет ногами.)* Вон пошла!

Т а т ь я н а   А л е к с е е в н а . Что? Что вы? С ума сошли?

Ш и п у ч и н . Это ужасно! Я несчастный человек! Гоните ее! Гоните!

Х и р и н *(Татьяне Алексеевне).* Вон! Искалечу! Исковеркаю! Преступление совершу!

Т а т ь я н а А л е к с е е в н а *(бежит от него, он за ней).* Да как вы смеете! Вы нахал! *(Кричит.)* Андрей! Спаси! Андрей! *(Взвизгивает.)*

Ш и п у ч и н *(бежит за ними).* Перестаньте! Умоляю вас! Тише! Пощадите меня!

Х и р и н *(гонится за Мерчуткиной).* Вон отсюда! Ловите! Бейте! Режьте ее!

Ш и п у ч и н *(кричит).* Перестаньте! Прошу вас! Умоляю!

М е р ч у т к и н а. Батюшки... батюшки!.. *(Взвизгивает.)* Батюшки!..

Т а т ь я н а А л е к с е е в н а *(кричит).* Спасите! Спасите!.. Ах, ах... дурно! Дурно! *(Вскакивает на стул, потом падает на диван и стонет, как в обмороке.)*

Х и р и н *(гонится за Мерчуткиной).* Бейте ее! Лупите! Режьте!

М е р ч у т к и н а. Ах, ах... батюшки, в глазах темно! Ах! *(Падает без чувств на руки Шипучина.)*

Стук в дверь и голос за сценой: «Депутация!»

Ш и п у ч и н. Депутация... репутация... оккупация...

Х и р и н *(топочет ногами).* Вон, черт бы меня драл! *(Засучивает рукава.)* Дайте мне ее! Преступление могу совершить!

Входит депутация из пяти человек; все во фраках. У одного в руках адрес в бархатном переплете, у другого — жбан. В дверь из правления смотрят служащие. Татьяна Алексеевна на диване, Мерчуткина на руках у Шипучина, обе тихо стонут.

Член банка *(громко читает).* Многоуважаемый и дорогой Андрей Андреевич! Бросая ретроспективный взгляд на прошлое нашего финансового учреждения и пробегая умственным взором историю его постепенного развития, мы получаем в высшей степени отрадное впечатление. Правда, в первое время его существования небольшие размеры основного капитала, отсутствие каких-либо серьезных операций, а также неопределенность целей ставили ребром гамлетовский вопрос: «быть или не быть?», и в одно время даже раздавались голоса в пользу закрытия банка. Но вот во главе учреждения становитесь вы. Ваши знания, энергия и присущий вам такт были причиною необычайного успеха и редкого процветания. Репутация банка... *(кашляет)* репутация банка...

Мерчуткина *(стонет).* Ох! Ох!

Татьяна Алексеевна *(стонет).* Воды! Воды!

Член банка *(продолжает).* Репутация... *(кашляет)* репутация банка поднята вами на такую высоту, что наше учреждение может ныне соперничать с лучшими заграничными учреждениями...

Ш и п у ч и н . Депутация… репутация… оккупация… шли два приятеля вечернею порой и дельный разговор вели между собой… Не говори, что молодость сгубила, что ревностью истерзана моей.

Ч л е н   б а н к а *(продолжает в смущении)*. Затем, бросая объективный взгляд на настоящее, мы, многоуважаемый и дорогой Андрей Андреевич… *(Понизив тон.)* В таком случае мы после… Мы лучше после…

Уходят в смущении.

Занавес

Also available from JiaHu Books:

Русланъ и Людмила — А. С. Пушкин - 9781909669000

Евгеній Онѣгинъ — А. С. Пушкин — 9781909669017

Пиковая дама и Медный всадник — А. С. Пушкин - 9781784350116

Анна Каренина — Л. Н. Толстой — 9781909669154

Дядя Ваня — А. П. Чехов — 9781784350000

Три сестры — А. П. Чехов — 9781784350017

Вишнёвый сад — А. П. Чехов - 9781909669819

Чайка — А. П. Чехов — 9781909669642

Дуэль — А. П. Чехов — 9781784350024

Иванов — А. П. Чехов — 9781784350093

Отцы и дети — И. С. Тургенев - 9781784350123

Ася — И. С. Тургенев — 9781784350079

Первая любовь — И. С. Тургенев - 9781784350086

Мать — Максим Горький — 9781909669628

Конармия — Исаак Бабель - 9781784350062

Рассказ о семи повешенных и другие повести — Л. Н. Андреев — 9781909669659

Леди Макбет Мценского уезда и Запечатленный ангел - Н. С. Лесков - 9781909669666

Очарованный странник — Н. С. Лесков — 9781909669727

Некуда — Н. С. Лесков -9781909669673

Мы - Евгений Замятин- 9781909669758

Санин — М. П. Арцыбашев — 9781909669949

Мастер и Маргарита — М.А. Булгаков - 9781909669895

Собачье сердце — М.А. Булгаков — 9781909669536

Записки юного врача — М.А. Булгаков — 9781909669680

Роковые яйца — М.А. Булгаков - 9781909669840

Евгений Онегин (Либретто) — 9781909669741

Пиковая Дама (Либретто) — 9781909669376

Борис Годунов (Либретто) — 9781909669376

Раскіданае гняздо/Тутэйшыя - Янка Купала –
9781909669901

Чорна рада — Пантелеймон Куліш – 9781909669529

Printed in Great Britain
by Amazon